吴 夲

（979—1036）

# “福建历史文化名人丛书”编委会

福建历史文化名人丛书
福建省社会科学界联合会 编

# 吴本

## 宋代名医 保生大帝

何 池 编著

海峡出版发行集团 THE STRAITS PUBLISHING & DISTRIBUTING GROUP | 福建人民出版社 FUJIAN PEOPLE'S PUBLISHING HOUSE

**图书在版编目（CIP）数据**

吴夲：宋代名医　保生大帝 / 何池编著. --福州：福建人民出版社，2019.10（2020.11重印）

（福建历史文化名人丛书）

ISBN 978-7-211-08183-7

Ⅰ.①吴…　Ⅱ.①何…　Ⅲ.①吴夲（979-1036）—生平事迹　Ⅳ.①K825.2

中国版本图书馆CIP数据核字（2019）第202583号

**吴夲**

**WUTAO**

——宋代名医　保生大帝

**作　　者：**何　池

**责任编辑：**何水儿

**出版发行：**福建人民出版社　　**电　　话：**0591-87604366(发行部)

**网　　址：**http://www.fjpph.com　　**电子邮箱：**fjpph7211@126.com

**地　　址：**福州市东水路76号　　**邮　　编：**350001

**经　　销：**福建新华发行（集团）有限责任公司

**印　　刷：**福建省金盾彩色印刷有限公司

**地　　址：**福州市金山浦上工业区D区24幢

**开　　本：**700毫米×1000毫米　1/16

**印　　张：**7

**字　　数：**81千字

**版　　次：**2019年10月第1版　　2020年11月第2次印刷

**书　　号：**ISBN 978-7-211-08183-7

**定　　价：**25.00元

# 总 序

李 红

社会科学承载着“认识世界、传承文明、创新理论、咨政育人、服务社会”的重要功能，是人类赖以传承的精神支柱。近年来，福建省各级各部门认真贯彻《福建省社会科学普及条例》，社会科学普及工作扎实开展、稳步推进，通过举办全省社科普及宣传周、建立社科普及基地、开办社科普及讲坛等社科普及咨询平台载体，其制度化、常态化、大众化工作取得了明显成效。

习近平总书记指出，文化是民族生存和发展的重要力量，中华优秀传统文化已经成为中华民族的基因，植根在中国人内心，潜移默化地影响着中国人的思维方式和行为方式。福建文化是中华文化中极富特色的一部分，深度融入了中国文化的进程，展现出突破陈规、积极进取、兼容并包、锐意创新的胸襟和气魄。向大众传播福建优秀的历史文化知识，是福建省社科普及工作的重要内容。以接福建地气、讲福建故事、塑福建形象、续福建文脉的姿态编辑出版的“福建历史文化名人丛书”，既较为全面地展示了福建文化深厚的历史底蕴和丰富的人文精神，也为福建当下的社会文化建设提供了有益的资鉴。“福建历史文化名人丛书”所包含的朱熹、林则徐、严复、陈嘉庚等人物传记，记录了福建文化之于中国历史的影响，同时也以人物史的叙述方式生动地展现出中国人文精神的风骨和传统文化的传承。

今天，我们提倡和弘扬社会主义核心价值观，必须从中华优秀传统文化中汲取丰富营养，否则就会缺乏生命力和影响力。“福建历史文化名人丛书”记录了福建历史文化人物的价值观践行轨迹，重温了这批福建历史文化乃至中国历史文化史上重要人物的生命历程，以浅显晓畅、通俗易懂的叙述方式讲述了中华优秀传统文化传承的当代意义，开辟了社会科学知识进入千家万户的新路子。

“最忆市桥灯火静，巷南巷北读书声。”一套好的社会科学普及丛书，总是能带动起读书的风气。将学习作为一种追求、爱好和健康的生活方式，也是“福建历史文化名人丛书”所期望实现的目标。在文字中领略福建地域文化魅力，在阅读中传承传统文化养分，在感悟中提升人文道德情操，社会科学普及丛书的出版，可谓正当其时。

（作者系福建省人民政府原副省长，福建省政协原副主席）

# 目 录

引 子/001

第一章 身世艰辛/005

第二章 奋志学医/011

第三章 悬壶济世/021

第四章 朝野崇祀/037

第五章 馨香远播/055

附 录 吴夲药签探析/091

作者的话/099

延伸阅读/101

后 记/102

德照四海

# 引　子

他本是漳州白礁村的一位乡村郎中，因医术高超、医德高尚，对平民百姓赈医赠药，“活人无数”，在他因采药从山崖跌下而不幸去世后，老百姓“深感其恩，塑像立祠祀之”。后来，更是成为黎民百姓的保护神——保生大帝。

闽南人素有造神习俗，对那些为老百姓做了好事善事、推进社会文明进步的人，用一种最质朴的方法来报答和纪念，那就是捏土成像，把这些原本的普通凡人升格为神，一代代予以祭祀。比如，开漳圣王陈元光在平定“蛮獠啸乱”之后，上奏朝廷创建漳州，推进了闽漳社会的进步。之后在一次漳州保卫战中殉难，后世朝廷封谥他的规格逐渐提升，直至“开漳圣王”。之后，祭祀“开漳圣王”陈元光的宫庙遍及闽粤沿海，其香火甚至传播至台湾地区和东南亚各国。又如本书传主吴夲，他本是漳州白礁村的一位乡村郎中，因医术高超、医德高尚，不仅平日里对平民百姓赈医赠药，还曾在闽南遭瘟疫时“活人无数”，在他因采药从山崖跌下而不幸去世后，老百姓也是“深感其恩，塑像立祠祀之”。后来吴夲在历代朝廷的追封中从最初的“显佑真人”提升到“保生大帝”，成为黎民百姓的保护神。在闽南，民间流传着“渡海靠妈祖，安居靠真人”的说法，祭祀这位神医的庙宇慈济宫也同样遍及闽南各地。早期闽南人过台湾下南洋，往往带上一包保生大帝庙的香灰，一到客居地，就供祀家中，甚至建祠庙祭祀，以保佑平安。如今在台湾地区，在印度尼西亚、新加坡、马来西亚、菲律宾等东南亚各国，只要有闽南人的地方，就有保生大帝的神迹，许多有关他的神奇故事，也在当地民间广为流传。

近千年来，崇祀保生大帝的地域不断扩大。尤其是在明清两季台湾的大开发中，由于垦殖地多台风、地震、山洪、泥石流等自然灾害，还有那湿热多雨的气候、数百里不见天日的原始森林、蚊虫如雨等，台湾成为热带传染病的温床、瘴疠滋生的沃土，生存条件极为恶劣，大陆垦民到台湾真正能活下来、留下来的不多，台湾民间有“六回三死一留下”的说法。在这么严酷的环境中，孤立无助的闽南籍垦民很自然地把家乡各种神明的香火带到了岛内，带到了垦点，并将之奉为保护神，由此形成今天台湾多神崇拜的社会环境。而那些遍及全岛的数不胜数的宫庙的祖庙大多在闽南。在这众多的神明之中，擅长医药、能给黎民百姓解除疾患之苦的保生大帝，自然成为入台垦民奉祀的主要神祇。据有关方面统计，如今台湾供奉保生大帝的庙宇有370多座，信众达六七百万。保生大帝已成为台湾信众最多的民间信仰之一。

实际上，不只台湾，明清时期，保生大帝信仰还随着闽南人下南洋传播到东南亚各国。

# 第一章

# 身世艰辛

唐末跟随王审知从固始到福建，肇基山区安溪石门，为求子孙发展又迁徙定居同安沿海白礁，这就是吴夲家族的迁徙路线。宋代的闽南瘴疠频发、瘟疫肆虐，加上缺医少药，许多百姓因此而丧生，吴夲的父母也不能幸免。时代急需救死扶伤的能人，于是，以救治苍生为己任的一位乡村郎中就在当时的白礁村诞生了。

## 从石门到白礁

吴夲，字华基，号云冲，俗称吴真人、大道公。祖籍福建安溪茶乡山区的感德镇（古称常乐里）石门村。

这是一个历史悠久的古村落。唐末，吴氏先祖就从河南光州固始县入闽居安溪剑斗魁洋，又迁徙感德镇石门村开基，至今已有1000多年。村中留有一块明代天启二年（1622年）墓志铭石刻，上书："先世自光州固始，择胜于清溪常乐里家焉。传至宋，为真人公（吴真人）。"这块由中过进士的乡贤郑之玄撰文的墓志铭，现存于石门村吴真人纪念馆，墓志铭描述了吴氏先祖子惠公迁居于安溪石门村的过程，还道出了吴夲的家世渊源。

安溪，古称清溪，宋宣和三年（1121年）改为安溪。

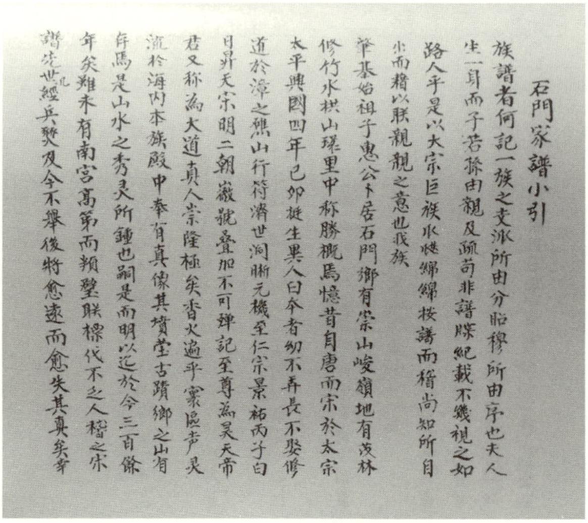

石門家譜小引

族譜者何記一族之支派所由分昭穆所由序也夫人
生一身而子若孫由親及疏苟非譜牒紀載不幾視之如
路人乎是以大宗巨族㳟慎綿綿按譜而稽尚知所自
小而稽以联親親之意也我族
肇基始祖子惠公卜居石門鄉有崇山峻嶺地有茂林
修竹水拱山環里中称勝概焉憶昔自唐而宋於太宗
太平興國四年己卯誕生異人曰夲者幼不弄長不娶修
道於漳之熊山行符濟世洞晰元機至仁宗景祐丙子白
日昇天宋明二朝敕號叠加不可殫記至尊為昊天帝
君又称為大道真人崇隆極矣香火遍乎寰區声灵
流於海内本族殿中奉有真像其墳塋古蹟鄉之山有
存焉是山水之秀灵所鍾也嗣是而明以迄於今三百餘
年矣雖未有南宮高第而頗璧联標代不乏人稽之宗
譜先世經乱兵燹及今不舉後將愈遠而愈失其真矣奈

康熙《石门家谱小引》

石门村至今珍藏着一本清康熙元年（1662年）的《石门家谱》，该家谱"小引"称："肇基祖子惠公卜居石门乡……忆昔自唐而宋，于太平兴国四年己卯，诞生异人曰夲者，幼不弄，长不娶。"根据该族谱记载，吴夲的

石门村保存的明天启二年墓志铭证实吴夲祖地于此

父亲叫吴通，母亲叫黄月华。因山高水冷，生活不易，为求得晚辈有个更好的生活和发展环境，中年的吴通携妻子和长子吴根，迁往地处沿海的邻县同安白礁村定居，于太平兴国四年（979年）在白礁生下了吴夲。其迁出时间，根据《石门家谱》所载，推算应是宋太平兴国初年。

除了族谱外，安溪的其他史料也印证了吴夲祖籍石门村。清代康熙年间，文渊阁大学士李光地所作的《吴真人祠记》写道："吾邑清溪之山，其最高者曰石门……吴真人者，石门人也。"清代乾隆二十二年（1757年）版《安溪县志》记载："宋灵医吴真人故迹在石门。真人名本，字华基，号云冲。"

## 父母病亡 决心学医

北宋太平兴国四年（979年）三月十五日，吴夲出生于同安县积善里文圃山南麓的濒海渔村——白礁村的一个渔农兼作的贫困家庭。

白礁村位于龙海市角美镇与厦门海沧交界处，西邻角美镇金山村和鸿渐村的崎巷社，南临九龙江入海口，北靠风光秀美的文圃山。该村因旁边海上多白色花岗岩礁石而得名，古时白礁又称“礁城”，先民们为防海匪与倭寇，特在村落四周修筑城墙，并设东西南北四城门。至今还保留四城门名称及遗址和部分城墙。这个濒海的村子村民以种田和讨海为生。该村长期隶属于泉州府同安县管辖，1958年划入漳州辖属。

吴夲自幼颖异，才智过人，心性淳厚，7岁与兄长吴根一起在村里的塾堂开蒙，塾师教他读书，他过目能诵。除了诗书之外，他还

关于吴夲的名字，历来有争论，包括笔者在内的许多学者认为应当是“吴本”，理由之一是与其字“华基”意思相吻合；二是与其兄长名“吴根”相匹配；三是“本”和“夲”许多人手写书法是一样的；四是从现存宋代《白石丁氏古谱》中发现的吴真人应邀为白石丁氏祠堂题写族规落款所署的名字“泉礁江濮阳布叟吴本谨奉命拜书”，这是最早写“吴本”的文献记载，也是吴真人生活期间自己留下的珍贵手迹，之后绝大部分的泉州、同安、海澄等明清地方史乘在述及保生大帝（或“大道公”）时均为“吴本”，而称“吴夲”仅是近二三十年的事。奇怪的是，从那以后到现在，一讲保生大帝均称“吴夲”，甚至连台湾地区信众和大陆官方资料也称“吴夲”。

熟读《易》《礼》《春秋》等，还通过自学了解天文、地理、医学等有关知识，尤对医道和草药甚感兴趣。几年时间，他的学识已远超同龄人，还练就一手好书法，常常应邀为四周村民撰写对联、族规及书信，这些都为他以后学医施诊打下了深厚基础。

因家庭贫困，吴夲10岁就和哥哥跟着父亲吴通一起到水田学耕和在海边滩涂种蛏、下海捕鱼。那时，海上经常有海寇扰民，渔民不能安居乐业。有时年景不好，经常是饥一顿，饱一顿，虽然困苦，也还勉强维持。但不幸很快降临在这个贫困家庭。当时闽南春秋时节经常有瘴疠发生，有一年瘟疫流行，染病而死的人很多，吴通也不幸染疾，吴夲虽然日夜服侍病榻之前，但因没钱请医治疗，文圃山上的龙池岩懂医道的高僧又云游化缘出山，只能眼睁睁地看着父亲被病魔折磨而死。翌年，母亲也因思念过度患疾而撒手人寰，吴根兄弟俩在村民的帮助下把父母一起安葬在文圃山西麓龙池岩寺后的山坡上。

短短时间里看着双亲先后病逝而束手无策，家庭这一重大变故，激起少年吴夲一种朴素的愿望——立志学医，以求为世人解除病痛，救死扶伤。

# 第二章

# 奋志学医

年轻的吴夲从求学蛇医到云游四方，遍寻名医和深谙医道的高僧道士。悟性极高的他采纳各地名医的医道经验、遍求民间诸多有效偏方，以充实自己的医学知识，提高自己的医术水平，加上他生性淳朴的品质，救死扶伤、悬壶济世的一代名医就在这样坚持不懈地追求中造就。

## 医治蛇伤

吴夲的学医之道是从学习医治蛇伤开始的。白礁村南面临海，北面靠着文圃山，山高谷深，林木葱郁，生长着数百种中草药，是天然的中草药库。山谷里还生活着獐、麂、蛇、蝎、蜈蚣等动物。仅蛇类就有“乌荒”（眼镜蛇）、青竹丝、烙铁头（俗称“火鸡头”）等毒性极强的毒蛇。虽然村民上山下田种植时小心翼翼，却仍屡屡有蛇伤事故发生，每年都有10余个村民死于蛇伤。有一天，吴夲与邻居的小伙伴一起到村子北面的文圃山上拾柴火，看到路边一棵树上有一枯黄干枝，小伙伴就上前去折，不想那枯枝竟是一条被称为“火鸡头”的毒蛇，他手刚一伸近树枝，便被那毒蛇咬了一口，他的手背留下两个牙点，正向外冒着黑血。一眨眼工夫手便肿得像馒头，小伙伴瘫在树下痛得直哀叫，小吴夲看在眼里，急在心里，赶紧背着他下山。到了村里，大人们看到胳膊已肿得老粗的小孩，急忙派人去邻村请一位姓丁的蛇医，不想那蛇医出诊不在家。等到一个小时之后蛇医赶到，

小伙伴已脸色乌青没了气息。一个活蹦乱跳的小伙伴就这样没了，吴夲非常心痛。他急村民之所急，决心从学治蛇伤入手，拜邻村白石村丁姓蛇医为师，以便学有所成，为村民解除经常遭到的蛇伤之厄。

从此，每天一早，人们总可以看到吴夲那小小的身躯，穿着一双草鞋，匆匆地走在通往邻村白石的小路上。文圃山上，人们经常看到吴夲背着药篓，跟着丁蛇医在山谷里采集半边莲、虎杖、万年青、白花蛇舌草、两面针、鬼针草、大青等治疗蛇伤的草药，并仔细地记下这些草药的名字和治疗功效。功夫不负有心人，悟性很高的少年吴夲在师傅的悉心指导下，凭着勤奋，很快了解和熟悉了治蛇伤的各种草药及其生长之处，独立学会了治理蛇伤的技术，还知道了根据什么毒蛇用什么草药的本领。仅两年时间，吴夲已经迅速成长为一名真正的蛇医，做到了手到伤除。于是，不论白天黑夜、刮风下雨，附近哪个村子村民有难，吴夲总是随叫随到，从不耽误。他从小伙伴的去世中知道，救治蛇伤是需要与时间赛跑的，时间就是生命啊！几年中，经他从蛇口中夺回性命、救治痊愈的村民难计其数，他已经成为远近闻名的蛇医。

今日文圃山

## 新的理想

在救治蛇伤的医疗活动中逐渐成长起来的吴夲知道，在气候多变、瘟疫频发、疑难杂症颇多的闽南，要为黎民百姓解除病痛之苦，单是学会医治蛇伤是远远不够的。他在研学医术著作的过程中，了解到如扁鹊、华佗、张仲景、葛洪、孙思邈等名医救死扶伤的品德和医术，他非常崇敬这些名医，并注意收集他们的医书自学。他心中又开始有了新的追求——要成为像这些名医那样内外科兼具而且医德高尚的全能医生。于是，在医治蛇伤的过程中，他注意搜集民间有效的偏方。东晋的著名炼丹术士葛洪曾经到漳浦一座山上（今称为灶山）隐居炼丹治病，撰写有医书《枕中书》和《肘后方》等。吴夲到泉州从同行那里求得了葛洪的这两部珍贵医书。南宋龙溪（今龙海）县进士杨志所撰的青礁《慈济宫碑》就记载，吴真人对“枕中肘后之方，未始不数数然也”。

他很崇拜唐代孙思邈的医术与医德。孙思邈是一位医术精深的医家，是著名的医师与道士，是中国医学史上伟大的医学家和药物学家，被后人誉为“药王”。孙思邈积多年医学实践，著有《千金要方》，较全面地总结了自上古至唐代的医疗经验和药物学常识，把对疾病的了解和医治技术提高到一个新水平。吴夲搜寻到这本医书并奉为至宝，一有空暇，就认真研读，并按照书中所述进行医疗实践，开始从医治蛇伤扩展到医治头疼脑热、风寒感冒、胃肠炎症、跌打骨伤等地方常见疾患，并初见成效。

白礁村北面的文圃山地处今天漳州角美（今漳州台商投资区）和厦门海沧两地交界处，该山山势虽然不高，却是闽南沿海的风景名胜，集秀美自然风光与丰富历史人文景观于一体。唐名士谢翛与其弟谢修读书于此。“后南唐主簿洪文用，宋崇宁中处士石蕡、杨泽均隐居此山，故人们名其山‘文圃’”。为纪念这几位知名的大文人，南宋进士、里人杨志在山上倡建“五贤堂”以祀之。此外，这里还有座历史悠久的古刹龙池岩寺，是

龙池岩寺始建祖师舍利塔（万历重修）

漳州（也是福建）最早的寺庙之一，该寺始建于南朝宋武帝永初（420—422）年间，距离吴夲出生时间已有500多年历史，该庙香火兴旺，是因该庙的几任住持高僧都深谙医道，能为周边信众治病疗伤，所以吴夲经常在忙作之余拜访寺里的住持高僧，向其请教实践中所碰到的医术问题，得到了不少启迪。

吴夲从小深深感受黎民百姓因贫穷而无钱治病之苦，又深受张仲景、孙思邈等前朝名医的医德医风所影响，所以他治病疗伤不分贵贱，从不收取患者分文，甚至还自己上文圃山采药熬丹送给患者。许多患者过意不去，问吴夲：“郎中你看病不收钱，还怎样过日子呢？”吴夲回答说：“我在村里有薄田数亩，种了稻蔬，足可糊口。”

为求得医术更大的提高，他有了新的想法——走出家乡，遍访名医，掌握更多更好的医术，以医术惠济世人。为了能走出家乡，他认为必须培养医治蛇伤的新人，以为救时之急。于是开始注意培养有兴趣学治蛇伤的哥哥吴根及另一位村民，把自己精湛的医术毫无保留地传给他们，不久就教会了他们治理蛇伤的基本医术。

暑往寒来、斗转星移，时间来到宋太宗至道二年（996年）春节，此时吴夲17岁，已长成相貌堂堂、一表人才的男子汉，他热心为村民治病疗疾而不取分文的医德，为白礁及周边村民所称颂。17岁在古代已到谈婚论嫁的年龄，在春节这一传统喜庆的日子里，村里热心长辈给他介绍了一门亲事，对象是本村富户人家一位端庄贤淑的王姓女子。吴夲当即婉言谢绝。他说自己一生只求学医为人治病去疴，学成后将云游四方，漂泊江湖，行踪无定，若接受婚事，岂不误人终身。

这年春节过后，他收拾行装，挥泪告别了哥哥及许多前来送行的四邻亲友，小小的行囊里面只放着几件衣服、几本医书、几根银针。心性聪颖、心地淳厚的他胸怀满满的爱心，走出白礁村，走上了拜师学医的道路，去实现他悬壶济世、慈济苍生的伟大抱负。



## 游访名师

吴夲从家乡出发，一路风餐露宿，沿着驿道向西北进发，经过当时辖属地泉州，再往福州，继续往北，越过仙霞岭，过浙江往东京方向进发。每逢市镇，他都要住上几天，设席开诊，赈医送药，并借此机会打听当地名医异人。只要打听得到的，不管路途多远，他都要亲往拜谒，认真求方学艺。

宋代都城开封，聚集有一批当时医学界的名流，吴夲历尽千辛万苦，在宋真宗咸平五年（1002年）来到京都开封，此时的吴夲已23岁。初到宋都，从闽南穷乡僻壤而来的吴夲被眼前一片繁华景象所吸引：街上店肆林立栉比，汴河两侧车水马龙、川流不息，店铺里货物琳琅满目，令人目不暇接，一片都市繁华景象。吴夲找了间街头小客栈安置之后，就在开封府门前的街上开设诊席，为当地民众诊疗。在给患者治病的几个月之中，他了解到京城医界里的一些著名医官，并通过诊治过的患者中有关官员的帮助，与这些御医见面探讨交流医学知识。在交流中，吴夲自学的《伤寒杂病论》诸多不解之处得到了解答。

可以说，开封之行大大加深了吴夲医学修养，吴夲千里跋涉、认真求知的精神感动了京城里的医官，他们毫不保留地把自己的医学知识和经验传授给了这位认真好学又生性淳朴的乡村郎中。

离开开封之后，他又用两年时间遍访名山古刹，与一些寺庙的方丈交流切磋医术。他尤其注意广为搜集各地民间流传的那些经过临床验证能有效治理疑难杂症的独门偏方。一两年时间里，他遍访名医高道，开阔了视野，增添了许多医学知识，他的偏方药簿也记了满满的几本，这些珍贵的偏方就成为他日后行医救人的宝囊。

厦门高林村西村社近年新发现的一本宋代文献记载了这样一件事。该村孙姓的第十世祖孙瑀在北宋元祐二年（1087年）撰写的《西宫檀越记》，透露出吴夲生前拜师学艺的一些重要信息。

宋仁宗天圣四年（1026年），孙瑀的祖父孙天锡因食河鱼得疾，调养于家居附近的灌口仙旗山居士庵。一个多月后，有一姓裴的道士，自号养真老子，年已80有余，但身着道袍，鹤发童颜。裴养真周游到居士庵，与孙天锡相见之下，谈天说地，话语极为投机。过不多久，刚回到白礁不久的吴悟真（吴夲），听说周游于仙旗山居士庵的裴养真“妙契神灵秘旨，且深修炼之术”，在修道学仙上极有造诣，于是急忙翻山涉水，赶来拜访求经。裴养真一见吴悟真，就为其不同凡俗的外表与谈吐所折服，于是两人相谈甚欢。在结为密友后，裴养真对自己所学之长毫不隐瞒，倾囊传授给吴悟真。二人相处之余，吴悟真见孙天锡面带病容，即施妙手，替天锡治病，“三日而见效，半月而平复，越三月而肢体强壮，颜色如故”。愈后，孙天锡大喜过望，要以百金酬谢，吴悟真却而不纳。于是孙、吴两人也结为深交。这本写于离吴夲生活年代仅50年的文献，意外地让我们知道吴夲的师傅之中有个叫裴养真的道士，还知道吴夲有个法号叫“悟真”。

保生大帝煉丹亭

## 第三章

# 悬壶济世

宋真宗景德元年（1004年），离别8年、云游四方拜师求医的吴夲学成回到家乡白礁，在遍长草药的文圃山南麓的龙池岩采药炼丹，在东麓东鸣岭下（青礁）龙湫坑结庐开诊。他一心为患者赈医送药，驱除瘟疫，活人无数，找他看病治伤的患者越来越多。吴夲的高尚医德和高超医术得到黎民百姓的尊崇和爱戴，被誉为“华佗再世”，被称为“神医”。

## 一救两命

学成之后，吴夲回归白礁故里，此时大哥吴根已迁居同安沿海洪塘乡下苏社（后改名石寻），在那里娶妻生子繁衍生息（成为该村吴姓肇基祖）。吴夲回家之后，听说哥哥已迁居洪塘下苏，就前去探望哥哥嫂子侄儿，款叙别后衷情。此时吴根亦成当地著名蛇医。看到哥哥一家一切安好，吴夲这才放心回到白礁，全心潜研岐黄，热心行医济世。白礁村北边的文圃山山峦叠翠，松竹茂密，山坡上、山谷里到处长着紫苏、鬼针草、白茅根、金不换、防风、穿山龙、七层塔、一条根、千金红、香薷、金樱子、仙鹤草、葛根等草药，野生药材资源十分丰富。于是吴夲在文圃山东脉龙湫坑口一棵大榕树下结庐筑舍，作为诊庐。他采集各种草药，用山泉水炼制医治各种疾病的丹药，为行医济世奠定基础。他白天行医，夜间还经常到山上龙池岩与高僧一道参禅悟道，研究脉理医药。

吴夲在家乡诊治病患的文圃山东麓东鸣岭下龙湫庵旧址

有一天，他在行医途中听到一位老妇人在路边号啕大哭，仰天呼救：“吾家三代，只此孤儿，若有不测，

20世纪90年代，台湾信众捐资在龙湫坑旧址新修复的龙湫庵

后嗣无继。皇天在上，拯救残身呀！”吴夲上前一看，只见一位少年被海盗砍倒在路旁，满头是血，胫骨断裂，气息奄奄。吴夲很是同情，立即把鲜血淋漓的少年背回家中，将他安置好后，便飞步上龙池岩采回草药，马上给这少年内服外敷，着手抢救。吴夲天天亲自汲取屋旁的山泉，给少年洗涤化脓伤口，并施以草药接骨。夜以继日，不厌其烦，终于把这少年从死亡线上抢救过来。乡里父老赞道：“吴夲乃扁鹊再世、华佗复生也，此乃患者之福矣。”

一天，吴夲上龙池岩采药回村，看见榕树下一群人身披麻衣，哭哭啼啼，连忙走过去探听。一位老阿婆哭诉道，媳妇身怀六甲，昨晚突然肚痛气绝。吴夲连忙走进灵堂察看“尸体”，见“死人”还有一点血色，就取出银针，在其人中、合谷等穴位扎了几针。这时，只见少妇的嘴唇略微翕动了一下。他紧接着跑到山路旁，从石缝间拔起一把石菖蒲，将其捣烂，拧汁灌入孕妇口中。过了片刻，这女人慢慢睁开双眼。又过了一会儿，忽然听“哇”的一声，一个小生命诞生了。一救两命，这件事很快传遍十里八乡，连县里的官老爷也对这位乡村郎中刮目相看了。



## 深夜送药

很久以前，三姓村住着兄弟三人，他们都已成家立业了，他们满山遍野地开荒种水果，收成丰足。美中不足的是，老大老二虽然娶了妻子，但都没有生下一男半女。只有老三生了个宝贝儿子。

那个时候把传宗接代看得很重，所以一家三房都把老三的儿子当成他们的宝贝。

这个孩子长得十分俊秀，谁看了谁喜欢。

转眼之间过了十几年。老三这个孩子长大成了个小伙子。他身强力壮，又肯出力劳动。老哥三人急急忙忙地给孩子找媳妇。媒人一个接一个，但是任凭媒人有抹麻油的嘴也说不成这门亲事。这是为什么呢？原来，这个小伙子样样都称心如意，美中不足的是，他有一个说不得的病——尿床，本村的左邻右舍都知道，谁家的姑娘都不愿意嫁一个尿床精。

老哥三人商量了几天几夜，决定先给儿子治好病。他们到处求医、问卜、寻药，医生请了一个又一个，蒸药蒸破十几把药壶，巫婆神棍没少请，就是不见效。治不好儿子的尿床病，怎么办？一家人天天发愁，坐立不安。

这一天，吴夲巡医来到这个村庄，他身背药囊，走得满头大汗，口渴了，要讨碗水喝。老大哥倒碗水给吴夲，吴夲喝完，道了声谢谢，刚转身要走。可举头一见，这家人个个是愁眉苦脸，脸上没有半点笑意。吴夲问：“老哥们，你们有什么不如意的事吗？”

兄弟三人看吴夲身背药箱，知道他是郎中，就说：“实不相瞒，我家儿子20岁了，人长得也过得去，体力也很好，可就是天天晚上尿床，寻了很多办法都治不了，全家人发愁啊？”

吴夲听后沉思了会道：“我知道有一种草药能治这种病，不过这种药生长在深山野林里山岚瘴气的地方，很难采，去的人常常是有去无回啊!”

老哥三人一起跪下，恳求道：“请你老人家行行好，成全我这一家人吧!”

吴夲说：“治病救人乃医者之本分，我一定想办法把这味草药采来。”

吴夲说后，身背药箱走了。

到了九九八十一天，吴夲回来了，半夜三更来到三兄弟的家里。吴夲深夜送医送药，一下子把山村的人都闹醒了，屋里屋外围满了人。

吴夲说：“我到深山野林采这草药，掉落峭壁下，好在我的徒弟发现及时，不然就回不来了。”他从药箱倒出几十粒黑黑的药丸，说道：“这就是专治尿床的药，叫金樱子，你们分成三次给病人服用，病很快就会好了。”

老哥三人感动得掉下眼泪，当即取出重礼，请求吴夲收下。

吴夲笑了笑说："医病是我们的职责，而不是为了这些酬谢。"

当夜，青年服下这味金樱子，尿床病奇迹般地好了。过了不久，他们给他这青年娶了亲，转过年这家人就抱上了白胖胖的小孙子。他们从心里感谢这位郎中。

## 麻针割瘤

一次，吴夲路过一个小镇，只见市街叫卖的人很多，吃的、用的应有尽有。一间小店门口，像一堵墙似的围着许多人。吴夲走近前去观看，只见一块大匾上写了8个大字："能疗我儿，酬金一千。"

于是，吴夲绕过围观的人群，向前去察看病儿。原来，这家主人名叫伍万三，是个大富翁。但美中不足的是，他到了50岁才生了个儿子。忽然有一天，孩子鼻子上生了个小瘤子，不到半年时间，那瘤子竟长成拳头那样大小。伍万三请了很多医生、巫婆、法师，大把的银子花了出去，可是仍治不好。今天早晨，肉瘤子又肿大了，肉瘤子根部连着鼻尖，只有筷子那样粗细。略为动一动，就会感到揪心地痛。这孩子脸孔发青，双眼被下垂的肉瘤子牵引着，眼白都翻露出来，苦不堪言，天天哭着闹着，伍万三夫妇也急得团团转，最后有人劝伍万三悬赏求医。

吴夲仔细看完孩子的肉瘤后说："这病我有办法治好，你们不用担心。"伍万三一听赶忙请吴夲上坐，夫妇俩纳头便拜。

吴夲叫人把孩子扶到后院安静的地方，然后叫伍万三烧一大炉火备用，并在炉上烧了开水，吴夲把银针、剪刀等工具放进开水里煮了一会儿，这才让孩子坐好。他拿起银针，在他脑后穴位上用针扎进去。伍万三夫妇感觉针扎在自己身上一样，心痛得眼泪汪汪的。

吴夲道："不用惊怕，孩子很快就会好了。"

当银针起到麻醉镇痛的作用后，他就拿起小剪刀，将肉瘤子"咔嚓"一刀剪了下来，孩子竟一点疼痛也没有感觉到，孩子的两只眼睛登时像往日一样正常了。在伤口贴上药膏后，吴夲将小孩脑后的银针拿掉，再从药箱里取出一包丸药交给伍家夫妇。吴夲说："好了，孩子已平安无事了，丸药一天服三次，每次两丸。"

伍万三道："神医！真是神医啊！一针一剪，便救活我儿一命！"

伍万三立即将千两金子奉上。吴夲微笑着摇头说："治药救世乃我本分，岂能收受重金。"双方推让再三。看到吴夲坚决不收，伍家只好收起金子，千恩万谢!

吴夲治好了小孩子的鼻瘤，顾不上休息，背起药箱又到别处诊病施药去了。

根据宋嘉定十二年（1219年）漳州太守庄夏为白礁慈济宫写的碑文，吴夲治病如神：

> 按病投药，如矢破的。或吸气嘘水，以饮病者，虽沉痼奇疾，亦望洋兴叹痊愈，是以疠者、痈者、疽者，扶舁携持，无日不交踵其门。候无问贵贱，悉为视疗，人人皆获所欲去，远近咸以为神医。

该碑文现还镶嵌在白礁慈济宫的墙上。

## 文豪信服

50岁后，吴夲随身携带一根3寸长的银针，背着装满自制药丸的葫芦，浪迹江湖，四处行医。宋仁宗天圣（1023—1032）年间，唐宋八大家之一的欧阳修在洛阳当留守司钱惟演的幕僚时，一连几天闹腹泻，城内很多名医都无法治愈。这一天，府外来了一个人，自称能治好他的病。欧阳修一见是个江湖郎中，便叫门人谢绝了。但门人都知道该人来自遥远的闽南，已在洛阳治好很多患有痼疾的病人，便向他要了药来混在稀粥中给欧阳修吃了，想不到暴泻隔天就止了。欧阳修急叫门人召来赠药人，一问，才知是闻名江南的名医吴夲。欧阳修问他用的是什么药，竟有如此神效？吴夲笑眯眯地说：“说出来不值钱，只用车前子末，和稀粥汤服下，能利水道而不损津液，又可使大便实，而分清浊，谷腑自安，暴泻当止。稀粥能壮胃气，而使下焦不紊，药到病除。”欧阳修方信这位来自南方的“青草医生”实有独到之处，马上将其请到府里，奉为贵宾。

## 悬丝把脉

吴夲离开洛阳之后，又沿路治病救人。这一天又来到京城汴梁（开封），在街上看到人们正在围观一张皇榜，议论纷纷。挨近一看，原来是仁宗的母后患乳疾，原先只是一颗小豆大的肉瘤，涂抹各种皮疹膏药，均不见效，反而慢慢长大，并出现伤口糜烂，奇痛难忍。眼看性命岌岌可危，而朝中孙用和等一帮太医因难以面诊太后病情而束手无策。仁宗皇帝只好出榜告示天下，广征良医，承诺治愈者赐官赏银。京城许多名医应召入宫，都治不了太后的病。吴夲在皇榜前徘徊了一阵，就揭了皇榜，入朝见皇帝。

仁宗皇帝见了吴夲，并不喜欢这位浪迹江湖的土郎中。封建时代，御医进宫为后妃诊病，不得直接在手上按脉，仁宗皇帝为了试试这位江湖郎中的本领，暗地里叫宫女将按脉的丝线缠在太后的紫檀木床架上，另一头牵扯到幔外。吴夲坐在椅上，伸出三个指头，轻按丝带，忽然惊呼："脉搏不动，此乃木也！"皇帝又命宫女把丝带绑在花猫脚上。吴夲按了一会丝带，脉搏缓动，却又异乎寻常："怪哉，为何脉象如兽？"仁宗听了，方才叹服。然后将丝带系在太后的腕脉上。吴夲闭目凝神细诊了一会儿，又向宫女询问了太后的病情，然后笑着说："托皇上洪福，太后小恙，不日可愈。"说着，他取出银针，隔幔进行针灸，又解下药葫芦，倒出一把丹丸，嘱咐宫女早晚侍候太后吞服。紧接着，他又步出京城，到郊野采回蒲公英等几味草药，交代捣烂外敷。几天后，太后乳疾渐渐减轻，不到一月，就完全康复。仁宗不胜欣悦，封吴夲为"御史太医"，要让其永留朝中，享受荣华富贵。孙用和一帮太医也热情挽留吴夲。可是，心系百姓疾苦的吴夲却背起药葫芦，叩拜告辞："贫道志在行医民间，慈悲济世，拯救苍生，荣华富贵不是我的愿望。"宋仁宗见吴夲去意已决，即吩咐御膳房备宴饯行，又命内侍取出银两和马匹赐予吴夲作为盘缠和脚力。吴夲叩谢之后，告别了孙用和等友人，出宫上马离开了汴京。

## 救人收徒

离开汴京之后，吴夲一路策马南归。有一日，他来到浙江与福建交界的武夷山北麓江山县地界，见此地四野荒无人烟，山路边野花开得正艳，山上茂林修竹，风景宜人，吴夲慢慢地沉醉于此山野美景，但他忽然看见几只鹫鹰在空中盘旋，吴夲警觉地左顾右盼，隐隐听得树丛中有人在“呜呜”闷叫。他连忙进入林子里面，发现一棵树干上捆绑着一个人，嘴巴被布塞住，正在挣扎着，吴夲急忙下马上前，取出塞在那人口中的破布，解开绳索，见他浑身伤痕累累，看样子已经快要不行了。于是吴夲赶紧从葫芦中倒出两粒丹丸，取来山泉水让他服下，过了一会儿，那人体力慢慢恢复，跪拜在吴夲跟前说：“多谢道长出手相救，不然我今天就没命了。”

原来，那人叫黄达信，原是本地县令，因被人诬陷遭到削职之罚，欲返故里，路过这里时，被一伙山贼抢去盘缠马匹，还将其打伤捆于树下。

在知道吴夲就是在京城为太后治愈沉疴顽疾的御史太医时，黄达信激动不已，当即又是一顿跪拜谢恩。

吴夲扶他起来：“不必多礼，行医济世乃医者之本分。你服了药，身体伤势已无大碍，过一两天即可痊愈，你宦途坎坷，不知今后有何打算？”

黄达信表示要找山贼报仇。吴夲听罢，呵呵笑道：“破山贼易，破心魔难。冤冤相报何时了，世间万事犹如浮云，过去的事就让它过去，何必耿耿于怀！”

黄达信闻言沉思，顿有所悟：是也，往事如烟，为人当胸怀宽广，功名利禄乃身外之物。失去功名，却得遇当世名医，也是我的造化，何不随他而去修道学医，亦是好事一桩。随即叩头拜师。

吴夲见此欣然点头应允，并带着他一起前往闽南。

这样，吴夲师徒一起到附近村庄买了匹马，两人越过仙霞岭，回到闽南文圃山的龙湫坑，继续治病救人。后来黄达信就成了保生大帝的黄医官。

## 驱除瘟神

吴夲治愈了皇太后的顽疾，被当朝皇帝宋仁宗赐为御史太医的事传遍京城，也传到了家乡闽南。白礁的老百姓无不欢欣鼓舞，奔走相告，都为家乡出了个名医而高兴和自豪。当吴夲回到龙湫坑诊庐时，乡亲们喜滋滋地送来蔬果祝贺，吴夲盛情难却，拱手拜谢了乡亲。此后，他的名声日愈扩大，除了治病，还陆续有人登门拜师学艺。在一两年里，他先后收了同安县令江仙官及其张师爷（张圣者），还有鄞小娘（鄞仙姑）、高其义、程道人、李东昌、邓天君、刘海王、孔舍人、炳灵官等人为徒弟。

地方的许多达官贵人，想要巴结这位曾经婉拒皇帝钦赐的名医，纷纷来到白礁找吴夲。当他们找到吴夲时，才发现他竟住在龙湫坑一间低矮的草庐里面，除了满屋子的草药和他的几个徒弟，他竟然还是独身一人，没有妻小家室。

有一年春天，吴夲来到同安县城，找到一家客栈，刚卸下药葫芦，便见公差禀报：“县令胡大人上门拜见。”吴夲整整衣衫，出门迎接。胡县令拱手说：“本官小女得了怪病，吃什么吐什么，已六天滴水未进。县城里的医者都找来诊治过，均未见好转，反而一天比一天严重。恳求吴郎中光临舍下，救小女一命。”吴夲连忙随胡县令来到县衙，经过一番诊脉后，吴夲判定县令之女是膈食病，便步出县城，在山野溪涧旁，采回象鼻草、石竹根等草药，捣烂绞汁，给胡小姐灌服。服后，胡小姐便不再呕吐了。经过数天诊治，她的身体慢慢好转，枯槁的脸上开始出现了红晕。吴夲救了胡小姐一命，胡县令对他备加尊敬。一次饭后闲聊，胡县令问道：“吴郎中，你满腹文才，今年乃大比之年，何不赴京一试，金榜题名呢？”吴夲笑道：“平生不能为清官，只求做一名良医罢了。”胡县令对他的志向颇为赞赏，有意将自己的女儿许配给他，便进而问道：“吴郎中年岁已大，何不娶妻成家呢？”吴夲仰面大笑道：“我是一个浪迹江湖的郎中，萍踪浮云，来去无定，让人厮守空房，岂不误人青春。”吴夲一生不茹荤，不娶妻，乐为百姓治病疗伤，广交名流学者。

闽南一带开发较迟，这里山高水冷，瘴疠肆虐，历来被视为畏途，北宋王安石有一首五言诗《送李宣叔倅漳州》，真实描写了当时闽南一带的蛮荒景象：

闽山到漳穷，地与南澳错。

山川郁雾气，瘴疠春冬作。

荒茅篁竹间，蔽亏有城郭。

居人特鲜少，市井宜萧索。

野花开无时，蛮酒持可酌。

这种情况迨至明清仍是。明万历（1573—1620）年间谢肇淛的《五杂俎》记载："闽俗最可恨者，瘟疫之疾一起……病者十人九死。"

明代尚且如此，更不用说数百年前的宋代了。北宋明道二年（1033年）春夏之交，闽南一带瘟疫流行，传染性强，有的村落一天连死数人，几天之间十室九空，不上一月便成无人村。田园荒芜、村落无人的凄凉景象随处可见。吴夲冒着被传染的危险，天天背着药葫芦，带着徒弟黄医官、张圣者、江仙官等人，奔走于崇山峻岭间和乡村小道上，边走边采挖各种草药，熬制治疠汤药，救人无数。许多乡村父老拿着花生、芋头、番薯、粽子等土特产要来报答他，都被他一一谢绝。此事亦记载于《同安县志·方外》："明道二年，又苦疫，神施符水以救，存活无数。"该志编于乾隆三十二年（1767年），此时吴夲已经成为万人崇拜的神祇，所以记载中以"施符水"为神事。清代泉州《吴真人谱系》亦载："北宋仁宗明道二年，漳泉二郡大疫，真人步罡驱禳，其捍患御灾，保护桑梓，盖不能屈。"

他一生奔忙在闽南大地，热心为黎民百姓治病疗伤，除了在龙湫坑结庐设诊所，在白礁村里住处设诊点，给周围各村村民看病送药之外，为了给更多民众治病，他还常到白礁所隶属的泉州繁华街区设诊看病，就在那里一个叫"花桥亭"（据载这里宋代

坐落于泉州市中山南路605号的花桥慈济宫庙

有一座桥亭，桥亭两旁是卖花的花市，故称“花桥亭”）的街道义诊赠药。城区人烟密聚，客商云集，民众问诊看病求药的需求大。几年时间，吴夲妙手回春的医术和高尚的医德风范已在这里有口皆碑。

现在，泉州的中山南路有座花桥慈济宫，宫门额高悬一块“真人所居”的匾额，那是明代书法家张瑞图书写的。当年吴夲在泉州就住在这条名为“花桥”的街坊里为穷人看病。今天，泉州的民众发扬吴真人“以济人救物为念，而不取人一钱”的高尚精神，在“花桥慈济宫”后面创办了一所义务诊所，聘请许多当地富有爱心的医生，继承当年吴真人救死扶伤的精神，每天在这里义诊赠药，为民造福。

泉州花桥慈济宫主殿

吴夲毕生从事民间的医疗活动，在医术上颇有创获，治病效果奇佳。史志记载：

吴夲，世所称吴真君也。少超悟，长得道术，不茹荤，不受室，业医活人，按病与药，如矢破的。

可以想象，如果吴夲愿意，他所拥有的高超医术可以很轻易地为他带来锦衣玉食，甚至是功名利禄。然而，生性淳朴而又慕道求仙的吴夲，并没有把他的高超医术当作追求功名富贵的工具，他的一生，都不忘以为民众解除病痛为矢志的初衷。

大道爲公
永保生民
濟世流芳
神恩浩大

## 第四章

# 朝野崇祀

宋景祐三年（1036年），行医济世的吴夲因救治病患儿童上文圃山采药跌下山崖而罹难。他一生以解除民瘼为己任的高尚品德，感动了黎民百姓，他们自发在吴夲诊病之处捏像建庵，以祭拜的朴素方式悼念这位毕生为民的好郎中。吴夲虽然仙逝了，但关于他的故事并没有结束，一方面在人们的口碑相传中成为护国佑民的保护神，另一方面在朝廷不断封赐中升至“无极保生大帝”的崇隆神位。

## 为救人而罹难

花开花谢，日落日出，转眼到了宋仁宗景祐三年（1036年），奔忙于闽南各地救死扶伤的吴夲已年届58岁，岁月在他原本宽阔光亮的额头上刻下了一道道痕迹，满头的青丝变成花白的鬓发，体力也大不如从前了。上山采药，开始有了力不从心的感觉。五月初一的清晨，刚吃过早饭，龙湫坑诊庐就来了一位邻村锦宅的村民，请他去村里看一位腹泻的黄姓病人。他马上背起药葫芦，带着江仙官、张师爷、鄞小娘等几个弟子，来到锦宅村腹泻病人家中，按脉、问明病情之后，他从药葫芦里取出几粒丹药，让患者服了下去。得知这位远近闻名的神医来到村里，许多有疾患的村民都来到这位患者家里求医，吴夲耐心地逐一地望、闻、切、问，一一开方赈药，患者皆欢天喜地地拿着草药回家。此时已近中午，患者家属正要留吴夲他们吃午饭，突然门外又走进一位村民求医，说是他的儿子得了“鹤膝风”（即今天的小儿麻痹症），他们夫妻就这么个儿子，现在是走不了路，以后老人家走了他还怎么自已生活呀，求吴夲给他儿子治好这个病。说着说着，竟然给吴夲跪了下来，说：“吴神医，求求您了，就救救我孩子吧！”吴夲赶忙扶起这位村民，问道：“孩子得这病多久了？”村民答：“一岁多就得了，现在已经10岁了。”吴夲知道，这是一种非常难治的病，如果要治好，就得在得病的几天之内赶紧医治，越早医治效果越好，现在已经错过了最佳治疗时间，病灶已深入到骨髓，药力很难到达那里。但看到村民无助的眼神，吴夲决定试试。于是，吴夲让江仙官几个弟子先吃饭，自己跟着这位村民到他家里看了看孩子，用两手试了试小孩那两只肌肉已经严重萎缩的双脚力气。让小孩子用力蹬他的手，还有一点点力气，这让吴夲觉得还有点希望。他想到文圃山上有一种叫“金不换”的草药可以治这种病。此时已过了中午，五月的太阳正高悬天上，吴夲一心想着孩子的病情，已经忘了吃饭的事，也忘了叫上还在吃饭的弟子们，就起身往山上赶去。由于忙了一个上午，又没有吃饭，到了龙池岩寺山后的山谷上方一处悬崖底下，他已大汗淋漓，这才感觉到了又饿又累。就在这时，他眼前一亮，看到了悬崖石壁边上有一丛青翠的金不换药草。

疲惫至极的吴夲攀着青藤一步步向崖边靠近，当他从悬崖边上探身下去采那丛草药时，手里的青藤突然扭断，一刹那，他从十来米高的石崖上头朝下掉了下来，脑袋重重地撞到了石崖脚下面露出地面的尖尖石头，他只觉得眼冒金星，天旋地转，而后就什么也不知道了。

那边江仙官几个弟子吃完饭左等右等不见吴夲回来，一问才知道师傅自己一人又上山采药去了，赶忙一起到山上分头去找。找来找去，终于在龙池岩寺后山谷的石崖底下找到了满头是血、不省人事的师傅。江仙官一摸吴夲的鼻息，还有一丝气息。大家七手八脚地把师傅背回龙湫坑口的草庐，已是黄昏时节，江仙官又是掐人中，又是灌汤药，大家忙活了一个晚上，仍回天乏力，接近黎明时分，吴夲羽化仙逝。此时是景祐三年（1036年）五月初二凌晨。

悲痛至极的白礁村民在村里为吴夲守灵，并到洪塘下苏社把

噩耗告诉吴夲的哥哥吴根，请其回白礁主持办理丧事。之后，吴根与其子在村民的帮助下，把吴夲安葬在文圃山西麓龙池岩寺旁山谷尽头的朝南山坡上一处叫“犀牛望月”穴位，也就是他父母的坟茔旁边。

## 朝野尊崇奉祀

漳泉二州乡民获知神医仙逝，尽皆哀悼不已，纷纷赶来吊唁，“追悼感泣，争肖像而敬事之”（宋庄夏《慈济宫碑》）。吴夲逝世后的翌年，即北宋景祐四年（1037年），为缅怀这位医术高明、医德高尚、热心救人的良医，乡民把奉祀吴夲的活动自发地推广到社会，建祠祭拜。徐松编纂的《宋会要辑稿》记载吴夲出生地白礁村民在村里就其寓所设“医灵神祠”祀奉，《宋会要辑稿》是宋代官方史料，记载内容可信度高。而青礁村民则在吴夲生前采药炼丹的龙湫坑口其诊庐处，搭建简易的龙湫庵，捏土为像供奉吴夲，虔加祭祷。万历年间何乔远编纂的《闽书》卷十二“方域志”称：“真君名本，生太平兴国四年。不茹荤，不受室，以济人救物为事，既殁犹显灵异，乡人即其地祠焉。”

南宋龙溪（今龙海）县进士杨志撰写的青礁《慈济宫碑》记载了祭祀吴真人的地点：“乡人私谥为‘医灵真人’，偶其像于龙湫庵。”它与白礁村村里其寓所的“医灵神祠”，一同衍成民间崇奉吴真人（保生大帝）信俗之最初源头。

靖康元年（1126年），金军攻破开封，北宋灭亡。建炎元年（1127年），高宗赵构在临安建立朝廷，偏安南隅，即为南宋。

白礁村建祭祀吴夲的庙即于此时，根据清代侯官人杨浚撰《白礁志略》卷二记载：

宋高宗为太子时，因与金国议和，“曾质于金，思归中原，步月崔子庙，忽闻廊下马嘶，遂乘之逃。金遣铁骑追至黄河，高宗仰天呼祝，忽见神（吴真人）幡蔽天，戟钺如雪，金将怯去，得从容渡河”。因感于此事，宋高宗于绍兴二十年（1150年）颁诏立庙，祀帝（即吴夲）于白礁，即今之祖宫也。

南宋政权兴建初期，社会矛盾尖锐，暗流涌动，动荡不安。在这一情况下，朝廷欲借助民间信俗的精神力量来调和社会矛盾，于是做出大量封神、大建寺庙的决定，白礁吴夲庙就在这种情况下由朝廷颁诏创建。

但关于白礁吴夲庙的始建时间，宋淳熙进士、嘉定六年（1213年）出任漳州知州的永春人庄夏在《白礁慈济宫碑》称：

……于是相与德侯之赐，思所以揭虔妥灵，岁在辛未，肇创祠宇于是，精爽振发，民欢趋之。

就是把白礁村中祭祀吴夲的故宅医灵神祠扩建成祭祀吴夲的庙宇，即今之白礁慈济宫。（白礁宫管委会王加兴另一说称：“龙湫庵就在白礁村，白礁慈济宫是在其址上扩建而成。”姑录

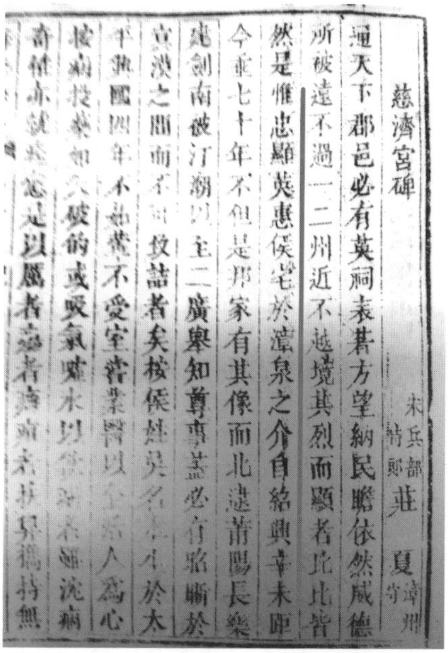
慈濟宮碑
宋兵部侍郎莊夏守漳州
通天下郡邑必有英祠表其方望納民瞻依然威德
所被遠不過一二州近不越境其烈而顯者比比皆
然是惟忠顯英惠侯宅於漳泉之介自紹興辛未距
今垂七十年不但是邦家有其像而北逮莆陽長樂
建劍南被汀潮以至二廣舉知尊事蓋必有昭晰於
宣洩之間而不可[illegible]詰者矣按侯姓吳名[illegible]於太
平興國四年不[illegible]葷不受室嘗業醫以[illegible]人為心
按病投藥如[illegible]破的或吸氣噓水以[illegible]沈痾
[illegible]是以厲者瘍者[illegible]無

乾隆版《海澄县志》中记载的庄夏撰白礁慈济宫碑文

待考。）这个“岁在辛未”（即绍兴二十一年）的碑文记载，使白礁吴夲庙的始建时间延迟了一年。

我们再来看看邻村青礁创建吴夲庙的时间。据传南宋绍兴间，一股气焰张狂的海寇闯入白礁青礁一带抢掠烧杀，当地受害民众无奈之下，入庙祈求吴夲的护佑。不久，官兵在与盗贼的战斗中击毙贼首，残寇也陆续被擒。村民为了感谢吴夲冥冥中的佑助，飞书求助时在朝廷任吏部尚书的青礁颜氏族人颜师鲁，向朝廷奏请于青礁立庙。有鉴于吴夲在闽南广泛的影响，熟知吴夲事迹的颜师鲁顺势而为，为吴夲请建庙祀：“岁在辛未，乡尚书颜定肃（师鲁）公奏请立庙。”高宗赵构知道这位庙祀神祇生前曾经医治好祖先皇太后的乳疾，去世之后又曾显灵庇佑自己逃回中原重兴宋室，当即诏准。于是颜师鲁奉旨在家乡青礁择地龙湫庵西侧，又有村贤颜发自愿献地，新庙于当年落成，即今之青礁慈济宫。

青礁慈济宫

白礁慈济宫

因青礁吴夲庙在白礁庙东北边，俗称东庙（宫）。白礁村的吴夲庙也因此俗称西庙（宫）。乾道（1165—1173）初年，晋江人梁克家在朝廷任中书舍人，颇有政绩，深得孝宗皇帝青睐，于乾道二年（1166年）向朝廷请赐庙额，孝宗赐庙额“慈济”，并赐号“大道真人”（《宋会要·礼》卷二十）。此为东、西两宫吴真人庙称“慈济”宫之始，也是闽台民间广称吴夲为“大道公”之由来。

消息传到泉州，这里的闹市区花桥亭曾经是吴夲设诊行医治病之处，当地民众于绍兴（1131—1162）末年，经过一番酝酿筹备，也在这里（位于今泉州市区中山南路）建起了一座供奉吴夲的祠庙，称花桥真人庙，乾道二年起亦称为慈济宫，它与青礁、白礁慈济宫一道，成为福建、台湾地区和海外一些国家供奉保生大帝的慈济宫的三座祖宫。

关于西宫和东宫始建时间，虽有宋代碑文（杨志碑和庄夏碑）准确记载为“岁在辛未”，但两宫仍然一直存有争议。笔者

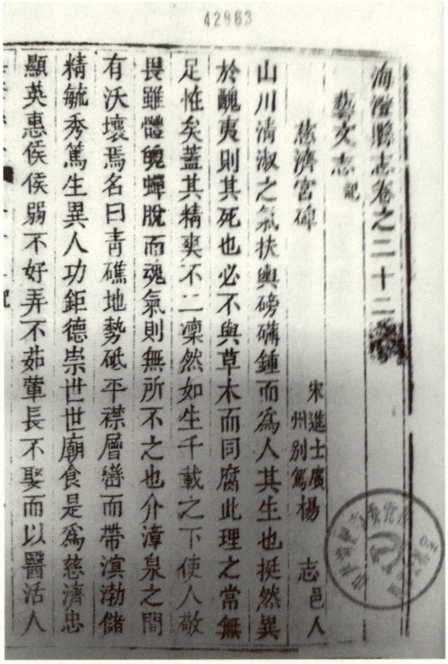
海澄縣志卷之二十二
藝文志 記
慈濟宮碑 宋進士廣州別駕楊志 邑人
山川清淑之氣扶輿磅礴鍾而爲人其生也挺然異於醜夷則其死也必不與草木而同腐此理之常無足怪矣蓋其精爽不二凜然如生千載之下使人敬畏雖體魄蟬脫而魂氣則無所不之也介漳泉之間有沃壤焉名曰青礁地勢砥平襟層巒而帶滇渤儲精毓秀篤生異人功鉅德崇世世廟食是爲慈濟忠顯英惠侯侯弱不好弄不茹葷長不娶而以醫活人

乾隆版《海澄县志》中记载的杨志撰青礁慈济宫碑文

试着解开其中症结。经过一番努力详细查找史料，这才发现，清道光戊申年（1848年）圭江（今龙海地界）生员颜清莹应白礁村友人之约写《吴真人传》，该文写道：“绍兴二十年（1150年）庚午年，高宗颁诏立庙祀帝（指吴夲）于白礁以酬神功，即今之祖庙是也。二十一年（1151年），乡尚书颜定肃公师鲁奏请于朝，复立庙祀青礁，即今之东宫也。”（载杨浚《白礁志略》，版藏福建省图书馆）从而把白礁慈济宫始建时间提前了一年。光绪十四年（1888年），内阁中书、侯官人杨浚游白礁慈济宫，应邀写了一篇《白礁志略》，该文涉及白礁宫始建时间时引用了颜清莹的上述资料。由此看来，从宋绍兴建庙之后，由于庙祀香火兴盛，引发了谁是最早建庙谁就是“祖宫”的神缘之争，而颜清莹应邀所撰的《吴真人传》则成为白礁慈济宫早于青礁的历史依据，杨浚撰写的《白礁志略》引颜氏之文，进一步巩固了白礁早青礁一年建庙的论点。笔者认为，距离吴夲生活时代八九百年之后的清代文献资料固然也很宝贵，但与吴夲去世不久的宋代本地乡宦杨志、庄夏碑文记载的内容相比较，还是以距吴真人生活年代较近的宋代文字史料较为可信。实际上，白礁和青礁两个村庄都紧挨在一起，都是吴夲出生、生活、行医之地，虽然历史上和现实中分别属于两个不同的行政区域（历史上分别属于漳州和泉州，1958年之后分别属于漳州和厦门），但对吴真人来说，都同样是难以割舍的故乡热土，从更广的意义上讲，保生大帝不仅是属于闽南的，而且是属于世界的。今天，应该抛弃门户之见，共同弘扬保生大帝的慈济精神，积极合作开展对保生大帝文化的挖掘、研究、保护工作，把保生大帝的慈济精神发扬光大。



## 依然护国佑民

祭拜真人病患除。

话说回来。吴夲去世后，乡人在其采药炼丹之处青礁龙池岩下塑像建龙湫庵祭拜。庵建成后香火旺盛，原因是据说许多病患者到庵里向吴真人求药签，祭拜后，其疾患往往不药而愈，似乎是吴夲的在天之灵还在冥冥之中庇佑着他的乡人。于是，一传十，十传百，各地民众纷至沓来，到龙湫庵祭拜吴夲，以求得治病健身，效果同样明显。杨志在《慈济宫碑》中也记载了这一异事：

> 既没之后，灵异益著。民有疮痍疾疢，不谒诸医，惟侯是求。撮盐盂水，横剑其前，焚香默祷，而沉疴已脱矣。

龙泉井水治眼疾。

白礁村慈济宫祭台下有一口水井，称为龙泉井，井深一米许，井水亮晶晶，水质甜美可口。相传，这井是吴真人生前汲取井水为病人洗涤伤口用的。

白礁慈济宫中的龙泉井

离这百十里外，有一后田村，村中有一家姓罗的，他母子二人相依过日子，儿子叫长寿，是个孝子，侍奉老母亲十分尽心。有一天，长寿的母亲忽然眼睛疼了一天一夜，就什么也看不见了。长寿急得饭吃不香，睡不安寝。他到处问卜求医，找了十几个郎中，千方百计要把母亲的眼睛医好，可是毫无效果。

长寿不死心，见人就问，到处打听哪儿有高明的医生，能使他的母亲重见光明。后来，有人对他说，角尾白礁村有个吴真人，他的医术高明，不但能医人，而且能医老虎，他能将死人医活，曾一针救活两条生命……

长寿听到这个消息后，背起母亲连夜向角尾走去，走了三天三夜，才到了白礁村。可是一打听，吴真人已在三天前“羽化”了。一听这话，长寿一下子瘫倒在地，他不远百里来求医，却

是来迟了一步，见不到吴真人了。他将母亲放在龙井边，蹲下身，捂着脸，放声哭起来。母亲劝他说：“长寿啊，你也别哭了。你拼死拼活背阿妈来到白礁村，你尽了孝心，我就很知足啦。这是我的命该如此，眼睛该瞎的了。阿妈好渴，你给阿妈舀碗水喝吧。”

长寿只好擦干了眼泪，从龙泉井舀来井水，捧给母亲。母亲喝着这井水，顿觉得心胸舒展、口齿生津，正想再喝，又觉得眼睛发干，就用手指沾了水擦了擦眼睛。这时，奇迹出现了，她的眼睛复明了，她又惊又喜，四处张望。她说：“长寿啊，长寿啊，我又能看见东西了，这不是做梦吧？”

长寿看了母亲的眼睛明亮起来，也高兴得又哭又笑。他说：“阿妈啊！这是真的，这不是做梦，吴真人将你的眼睛治好了，你的双眼复明了。”说着母子俩跪在地上，对着龙泉井，连连磕头，拜谢吴真人的恩德。

送香薷为君臣解暑。

据传，南宋祥兴二年（1279年），陆秀夫宰相保着幼帝赵昺败出临安，君臣一路南撤至文圃山一带。时值六月暑天，骄阳似火，将士们身着盔甲，许多人都中暑了，又吐又泻，肚腹绞痛。军中缺乏医药，陆秀夫也束手无策，十分焦急。陆秀夫想：如不赶快治疗将士们，若元兵追来，一切就真的完了。

陆秀夫正愁肠百结时，前军探马来报，江边村口有一道者求见。随即看见一位头戴道巾、身穿葛麻道袍、脚踏多耳布鞋的中年道者飘然而来，立于马前施礼问讯。陆秀夫心中暗暗惊奇，探马才到，怎么这道者就随之而来，好快的脚力。又见他仙风道

骨，气度不凡，不敢怠慢，忙下马回礼并问道者有何见教。

那道者微笑着从袖中取出一束青草递给陆秀夫说：“丞相可识这太武香薷否？”

陆秀夫接过那太武香薷，顿觉清香扑鼻，闻之精神清爽。那道士又说：“这太武香薷煎茶能解郁，祛热消暑，同车前草一样功效，而这香薷在这对面文圃山上随处皆可采到，丞相何不一试？”陆秀夫一听大喜，连忙作揖相谢，那道士说：“丞相如不嫌弃，山人愿为将士们推拿刮痧、针灸除病如何？”

陆秀夫一听喜出望外，连连道谢说：“有劳仙长了，待本官奏明圣上，定当重谢。”

“医以济世为本，谢字可不敢当。”那道士谦让着。

陆秀夫即派身边一名将佐带那道士到各营盘去诊病，又下令在文圃山下扎营歇息三天，并派将士们按照那道士提供的草药上山采集熬汤分喝。

三天过后，将士们中暑轻的喝了香薷茶，精神恢复如初，重者经道士刮痧、针灸，也都立马见效。第三天，陆秀夫才想起那道士替将士们医好疾病，解决了一大难关，而自己尚未亲自面谢，于是让将佐去请那道士。

谁知这将佐去了半天，回来说那道士医愈众人后，已不知去向。陆秀夫立即派人到山下各村社打听，但也毫无讯息。打听的人回报中道及文圃山下有一村社叫白礁村，村中有一庙宇称“慈济宫”，供奉着二百多年前因医好皇太后乳疾而被仁宗皇帝敕封为“御史太医”的吴夲神像。

陆秀夫一听，当即奏明圣上，前往慈济宫进香。当陆秀夫焚香礼拜之后，瞻仰神像，这才发现那天的道士外貌宛若供桌前的吴真人。于是他心想，定是吴真人显圣救了众人。

描写吴夲升天后显灵护国的事迹非常多。又如，相传朱元璋与陈友谅大战于鄱阳湖的时候，忽然刮起巨大的风浪，眼看着朱元璋和士兵即将被风浪吹翻，这时吴夲竟突然出现在云层之上，谨慎小心地布置旗帜，还指挥神兵助阵。结果，风浪平缓下来，朱元璋则因此而平安无事，并获得大胜。后来，朱元璋在南京即位之后，为了感谢吴夲的救命之恩，便在洪武五年（1372年）下令敕封吴夲为“吴天御史医灵真君”。

医好文皇后痼疾。

白礁村慈济祖宫正殿的献台上，屹立着一只风格独特的花岗岩雕刻石狮。石狮的右前掌高擎着一枚刻有“亚”字的印绶。石狮龇牙咧嘴，形象憨萌可爱。

相传，在明永乐十七年（1419年），明成祖朱棣的文皇后患了痼疾，太医久治不愈，只好下诏悬赏求医。皇榜悬挂旬余，尚无人应诏，而文皇后的病日益严重，皇上心里十分着急。这日国舅入宫探望，见皇后日益消瘦，昔日花容月貌如今宛若变了一个人，面黄肌瘦，双目无光，皇上也唉声叹气说：“朕空富有天下，却连一个好郎中也请不来。”国舅也脱口而出说：“要是神医妙道吴真人尚健在就好了！”正说话间，黄门太监来奏，东城门外来了一个游方道士揭了榜。皇上此时正一筹莫展，一听有人揭榜，急声喝道：“快宣进后宫。”黄门太监遵诏把揭榜的道士带进后宫，朱棣举目一看，却原来是个普普通通的游方道士，头戴道巾，身穿道士袍，脚踏多耳布鞋，风尘仆仆……朱棣暗想，

他身上既没有像传说中的仙风道骨，也没有像小说家写得相貌出奇，他能治愈文皇后的痼疾么？但转而一想，现在再也没有别的办法了，何不让他一试！于是下诏让太监带道士入后宫为文皇后诊病。

那道士坐在朝阳宫外，用三根指头轻轻地按着后宫里递出的红丝线，时而侧着脑袋细听，时而摇了摇头，时而眯细了眼睛，时而点点头。他认认真真、仔仔细细地诊了脉，然后要了文房四宝，开了药方，并奏请皇上恩准施针并熏以艾柱，然后还从背上的药葫芦取出丸药，嘱咐太监用药汤配丸药连服三日，到时自然见效。谁也没想到这药确实十分神效。一日肿消，二日痛止，三日已快要痊愈了。

朱棣十分高兴。心想，这个穿草鞋的游方道士竟胜过大内御医。朱棣就宣那道士来见。朱棣想封他为御医，那道士再三辞谢，朱棣只得让内侍捧出五百两银子要赏他，道士仍然再三推辞，说是山野游方道士，要那些金钱没什么用处。最后朱棣问他要什么时，那道士就请皇上放他回归漳、泉故土，那里的百姓需要他。问他姓名，那道士淡淡一笑说：“小道没姓名，是白礁妙道真人的后辈。”说完即叩辞朱棣，飘然下殿而去。

朱棣与国舅商量如何褒奖这道士。国舅一口咬定这道士就是吴真人的化身，不然哪有如此高明的医术？朱棣也觉得言之有理，派人到旅店查问，店主人说：“道人自言福建泉州白礁人，姓吴。昨日出城采药，迄今未还。”朱棣即派钦差到闽南白礁宫，敕封吴真人为“昊天金阙御史慈济医灵妙惠真君万寿无极保生大帝”。

白礁慈济宫中的“国母狮”

疾病痊愈后，皇后感激这救命大恩，就令能工巧匠琢造了一只高擎“亚”字印章的石狮，派员运到白礁慈济宫。后代人们因这石狮是皇后所赠，就口称之为“国母狮”，这国母狮一直保存至今。

而关于“国母狮”右臂所持“亚”字印章的内涵，有关专家根据《明史·舆服志》已考证出，“亚”纹服饰是皇帝冠服上专用的饰纹，因此是一种象征权力和权威的饰纹。它反映出了朝廷对吴夲高尚医德的崇高评价。

吴夲生前生后护国佑民之事迹影响深远，不仅获得老百姓的高度赞誉，也得到地方官员的尊崇。南宋庆元五年（1199年）进士、著名理学大师真德秀任泉州知州时特地把泉州花桥慈济庙祀典“著为定例”。他说：

此邦之民，不幸有疾，求救于神（吴夲）者，如子之朔其亲，神变随其所苦，救而疗之，如亲之爱其子。呜呼！其可谓捍患御灾，有功于民者已矣！

## 朝廷屡次追封

吴夲仙逝之后，不仅老百姓自发私谥其为“医灵真人”，雕像建庵立庙祭拜悼念，而且因其护国佑民神迹显著，朝廷也屡屡追封。自南宋乾道七年（1171年）宋孝宗赐号“慈济真人”开始，历朝皆有追封，并逐步升级，终宋一代，前后封赠达14次，累升至“妙道普佑真君”六字。吴夲也从“侯”到“公”，到“真人”，到“真君”，到明成祖永乐十七年（1419年），终成至高无上的“昊天金阙御史慈济医灵妙惠真君万寿无极保生大帝”。

元代至明代，历代帝王先后对吴夲又追谥了3个封号，总共达17个之多。

具体各朝代追谥情况如下：

宋代追封——

南宋乾道二年（1166年），孝宗皇帝封其为慈济真人；

南宋乾道五年（1169年），孝宗皇帝追封其为显佑真人；

南宋乾道七年（1171年），孝宗皇帝追封其为大道真人；

南宋庆元元年（1195年），宁宗皇帝追封其为忠显侯；

南宋开禧三年（1207年），宁宗皇帝追封其为英惠侯；

南宋宝庆三年（1227年），理宗皇帝追封其为康佑侯；

南宋端平二年（1235年），理宗皇帝追封其为灵护侯；

南宋嘉熙三年（1239年），理宗皇帝追封其为正佑侯；

南宋嘉熙四年（1240年），理宗皇帝追封其为冲应真人；

南宋淳祐五年（1245年），理宗皇帝追封其为服惠帝君；

南宋宝祐五年（1257年），理宗皇帝追封其为守道真人；

南宋景定五年（1264年），理宗皇帝追封其为福善真人；

南宋咸淳二年（1266年），度宗皇帝追封其为孚惠真人；

南宋德祐元年（1275年），恭帝追封其为妙道普佑真君。

元代追封普佑帝君。

明代追封——

洪武五年（1372年），明太祖追封其为昊天御史医灵真君；

永乐十七年（1419年），明成祖追封其为昊天金阙御史慈济医灵妙惠真君万寿无极保生大帝。至此，对吴夲的封谥已达到“帝”级的至高无上的地位。

今天信众所追崇的“保生大帝”封号，就是明成祖永乐年间的封谥。

# 第五章

# 馨香远播

黎民百姓缅怀吴夲的护国爱民事迹，祭祀他的庙宇遍及闽粤港澳。明末清初，其香火随着闽南人开发台湾的脚步传入台湾，又随着闽南人下南洋的足迹播及南洋各国。如今，海内外保生大帝庙共有2000余座，信众达5000多万。2008年，保生大帝信俗被列入第二批国家级非物质文化遗产。两岸信众保生大帝信俗交流连年不断。

## 祖地宫庙概述

前面已述，吴夲去世之后，他的家乡最先建立起了祭拜他的小庙——医灵神祠和龙湫庵，之后在朝廷的重视下，扩建为两座宫殿式庙宇，泉州行医处也兴建起同样的庙宇，这就是青礁（俗称东宫）、白礁（俗称西宫）和花桥慈济宫三座最早祭祀吴夲的宫庙，后来遍布闽粤台地区以及东南亚各国的保生大帝庙均从这三庙分香，所以这三庙就成为现在众多保生大帝庙的祖庙。

白礁慈济宫。俗称西宫，位于漳州角美镇（今台商投资区）的白礁村，该村历史上隶属于泉州同安县，1958年行政区划调整，划归漳州管辖。该庙占地总面积5000多平方米，建筑面积1915平方米，是三进宫殿式庙宇，中轴线上自南向北依次为前殿、天井、祭台、正殿、后殿。天井两侧为双层钟、鼓楼。前殿为五门二层宫楼，正门上悬大书法家启功题写的“慈济祖宫”横匾，正中大门一对紫铜色石狮。天井中的“龙泉井”，水质甘

启功题写的白礁慈济宫匾

独特的竹叶联石柱

主殿中珍贵的宋代冲天蟠龙石柱

醇，久旱不涸，相传是保生大帝生前为患者洗涤伤口的泉水，到庙进香的台湾信众无不争先恐后汲饮“龙泉水”，并“请”回“圣水”，祈求“消灾祛病”。井后献台前置威猛雄骏、右掌高擎“亚”字饰纹印章的“国母狮”。前殿门廊六根精雕细琢蟠龙石柱和石方柱上的石刻竹叶画对联，是清嘉庆二十一年（1816年）重修时台湾同胞献置，安置在白礁祖宫的前殿门廊。竹叶画（以竹叶为“笔画”）巧妙隐藏着两副对联：“慈心施妙法，济众益良方”“保我德无量，生民泽利长”。取每句首字合成“慈济”祖宫、“保生”大帝。而宫中正殿门廊四根朝天五爪蟠龙石柱系宋代建宫时遗留下来之宝贵文物。

白礁慈济宫建筑布局奇特，造型雄伟。整座殿宇依山递高，层楼迭展，飞檐交错，富丽堂皇，雄伟壮观。中轴线上自西南而东北依次为前殿、天井、月台（祭台）、正殿、后殿。天井两边配有游廊，上置钟、鼓楼。大殿正中，精美的木神龛奉祀着保生大帝塑像。顶部中间结构，为“鸡罩顶”藻井，由众多的木斗拱垒叠而成。两侧游廊筑有石阶，通往奉祀“圣父圣母”神像的后殿。前殿为二层楼阁式，单檐歇山顶，上覆红色板瓦和琉璃瓦。五门式，一层面阔十一间，进深三间。二层面阔五间，进深三间。上层用木柱，下层用花岗岩石柱支撑，梁架抬梁式，门廊有竖六根青褐色花岗岩雕蟠龙石柱。正中门两侧有紫铜色石狮一对。殿内有宋代兴建时保留至今的冲天蟠龙石柱，弥足珍贵。其他建筑斗拱朱漆、彩绘描金，集宋、元、明、清的建筑、绘画、雕塑、书法等艺术于一体。在垂檐复宇、翼角翠飞之间，名人题词、历史故事、山水禽兽花木为题材的石刻、木雕、壁画、剪黏等艺术作品星罗棋布，均属上乘佳作。天井中保存有由上下双重须弥座构成的宋代石砌祭台，底座刻有宋代“飞天乐伎”“双狮戏球”等浮雕纹饰，还有镇宫之宝吴夲熬药铜锅。白礁慈济宫是一座金碧辉煌、雄伟壮观的艺术宝库，有“闽南故宫”之称。

白礁慈济宫建宫800多年来，历经数次重大维修。清嘉庆二十一年（1816年）重修并增建前殿。光绪四年（1878年）及1923年又屡有修葺。1989年，在漳州市政协和龙海市有关部门重视和协调下，台湾保生大帝庙宇联谊会会长周大围和台湾道教协会理事长李炳南组织发动筹募120多万元和黄金箔35万张投入祖宫大修，兼蓄历代艺术精髓，又利用现代科学技术手段，修复后的白礁慈济祖宫更加金碧辉煌。因其规模甚大，宫中保存许多从宋至清的建筑构件、雕塑、绘画、书法艺术等文物，令海内外游客叹为观止，又因其是台湾诸多保生大帝庙的祖庙，被著名的中国古建筑专家郑孝燮称为“堪与万里长城媲美的闽台渊源故

青礁慈济祖宫

宫”。现在，白礁慈济祖宫已成为闽南旅游胜地，海内外朝圣的信徒和游客络绎不绝。

青礁慈济宫。俗称东宫，位于今厦门海沧区青礁村（古属漳州府海澄县辖，1958年划归厦门）院前社东边岐山脚下，左傍东鸣岭。这里层峦叠翠，景色幽美。

青礁慈济宫在明末毁于战火兵灾，重建于清初，系重檐歇山顶砖石木结构三进建筑，坐西朝东，建筑面积1305平方米。中轴线自东向西逐渐增高，前殿重楼，由檐廊、门厅和钟鼓楼组成；中殿为正殿，内供吴真人神像，殿前有拜亭。后殿重建于1989年，内供佛道诸神。三殿由两侧廊庑通连。宫内保存大量珍贵的石雕、木雕、彩绘艺术品，体现了闽南匠师精湛的工艺水平。青礁慈济宫还保存有清康熙三十六年（1697年）、嘉庆十九年（1814年）、咸丰四年（1854年）和光绪二十二年（1896年）四方重修碑记，是研究宫庙历代沿革的重要文献资料，而宫庙西北

青礁慈济宫精美浮雕

青礁慈济宫前的一对宋代石狮

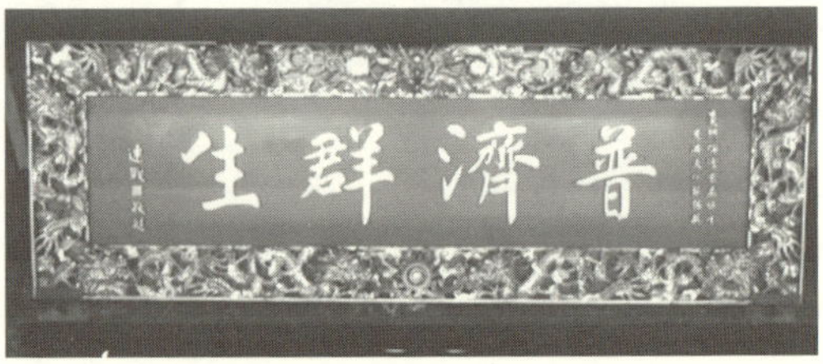


连战给青礁宫的题匾

侧山上还遗存的丹井、丹灶和石臼，则是吴夲当年采制药草使用过的器具。1989—1991年，台湾的吴真人信徒捐资重修三殿。2000年，经国家文物局批准，在祖宫两侧按历史原状修复文华殿和武英殿。

青礁慈济宫除主祀保生大帝之外，在后殿正中还祀三宝佛祖、注生娘娘（陈靖姑）、阎君等，其旁又祀吴真人的父母，称“圣父、圣母”，又祀创建青礁慈济宫的始祖颜师鲁、颜唐臣和颜发等。前殿檐廓石柱除浮雕释、道的龙象之外，还有瓶形石柱浮雕“将相和”历史故事和“太平有象”的传说。而墙上的浮雕和透雕，其内容也十分丰富，有“陈三五娘”“李公传艺”“益春留伞”“渔樵耕读”等传说故事的内容，还有“水漫金山”和“哪吒闹海”的石雕窗花。梁枋上也有诸葛孔明打退东吴舟师的拥汉历史故事彩绘，可以说是儒、道、释济济一堂。

从20世纪90年代初开始，面对日益频繁的台湾进香团回祖宫进香，厦门市、海沧区政府开始筹划扩建青礁宫，他们的规划建设还得到了台湾保生大帝庙宇联谊会资金上的支持。至2004年，青礁宫扩建工程已经完成，原先山脚的小庙已恢复为金碧辉煌的宫殿式建筑，宫庙前面兴建了数十亩宽敞的青礁宫颂典广场，建了照壁，挖砌了放生池，竖起了壮观巍峨的山门。宫庙左侧的东鸣岭上矗起了高达19.8米的吴真人石雕像，他面向大海，遥望海峡东岸，庇护着两岸苍生。811个石台阶从山上砌到山脚，连着前面的广场。台阶两侧竖立着扁鹊、华佗、李时珍等历代名医的雕像，这是全国最具规模的名医走廊，充分体现了中国古代博大精深的中医药文化。2007年4月，青礁宫举办第二届保生大帝文化节，长廊竣工，吴真人塑像揭幕。台中元保宫还捐资在原龙湫庵遗址复建了龙湫庵。现在，青礁慈济宫以宫庙为主体，形成了主题鲜明、结构合理、颇有气势和规模的慈济文化园景区，并在

恢宏壮观的青礁慈济宫颂典广场山门

向宗教文化与观光休闲为一体的AAAA级景区迈进。

1996年，青礁、白礁慈济宫双双被列入国家重点文物保护单位。2011年，两宫又一起被国台办列为“海峡两岸文化交流基地”。

南宫北宫。宋代时，吴夲家乡民众兴建祭祀他的庙宇实际上不只东宫和西宫，还有南宫和北宫。根据清光绪年间侯官人杨浚所撰的《白礁志略》卷一第四页所载，在其故里一带有祭祀吴真人的宫庙四座，“以宫所向之方称之，在白礁为祖宫，由白礁向东五里至院前，即青礁，一曰赤礁，为东宫，由白礁向北十里至徐坑（今厦门海沧区温厝村宁坑社），为北宫，向南为南宫”。

慈济北宫始建于南宋绍兴二十七年（1157年），位于原龙溪县管辖的海沧三都温厝村宁坑社之北，因是附近六个村庄（温厝、赤石、宁坑、长园、肖坑、马垅）村民筹资兴建，又称“六社宫”。该宫原是三殿规制，飞檐翘角，气势宏伟。由于该村靠近九龙江入海口的北港，水路交通便利，在明成宗时期香火鼎盛。到了清顺治十八年（南明永历十五年，即1661年），郑成功为收复台湾在厦门一带练兵造船，因当时运输困难，木材紧缺，郑成功往慈济宫朝拜，“得许”拆了北宫前、中两殿木料，并许愿复台之后必定“重建庙宇，再塑金身”。而后清廷为断绝沿海乡民与郑氏往来，实行靖边迁界政策，强迫福建沿海乡民内迁三十里，烧毁宫庙、民房。郑成功虽已收复台湾，但英年早逝，致使难以达成复建慈济宫的心愿。

施琅收复台湾之后，迁界之令废除，内迁的乡民得以返回故乡重整家园。康熙二十五年（1686年），乡民自动筹资重修北宫。晚清时期北宫逐渐破败，民国军阀混战，百业凋敝，民生艰难，村民无力修葺宫殿，直至日军入侵，北宫的后殿被日军飞机炸毁大半。至20世纪70年代初，北宫彻底颓圮，宫前石狮弃之龙眼树下，石碑被村民移作猪舍墙体，龙柱移建于骨灰室，宫基垦为农田。原来的遗物也散落在附近村庄。

1990年12月，厦门大学陈国强教授根据《白礁志略》记载，为弄清南北两宫遗址情况，专程到南北两宫作了一次田野调查，发现北宫遗址已成为"一片高低二级宽阔的地瓜田。但宫庙台基还很明显。而且在附近村民的猪舍墙面，看到了一块《慈济北宫碑记》石碑"。碑文有"文圃（白礁）分灵，匾曰慈济北宫，奉祀保生大帝，肇兴宋代，由来已久……庙宇焚墟，而遗址尚存，至我朝康熙二十五年间，乡生士民鸠工而重兴之，越至雍正六年戊申，廊庑倾圮，瓦木颓坏，再捐赀重修，庙貌如新"等内容。这是道光十三年（1833年）重修北宫的碑记。碑高156厘米，宽90厘米，厚13厘米，是现存有关北宫的唯一文字碑记，弥足珍贵。

南宫则位于今嵩屿至角尾公路北侧的海沧区囷瑶村后山尾社南边的山坡上，宫宇全部被毁，遗址还保存有两个大门石鼓，宫庙位置隐约可辨。宫庙地基前还可看到半埋入土内的白圆石柱。据说，南宫亦为三殿结构，规模亦大，香火也盛。郑成功训练水师制造战船时，也与北宫一样拆去了前、中二殿，只保留了后殿，供奉圣父圣母（吴夲父母）、阎君等，村民曾将保生大帝像移入后殿供奉。"文化大革命"期间，后殿被毁，所遗残躯经不起风雨袭击，随着岁月流逝逐步湮没，村里在宫基土地上开荒种上了花生、水稻等农作物。

陈国强教授的田野调查结果及遗址的遗存物，有力地证实了杨浚《白礁志略》所说的慈济祖宫有东、西、南、北四个宫庙的历史记载。当然，白礁、青礁、花桥是其中最主要、香火也最旺盛的祖宫。

1990年，台湾保生大帝庙宇联谊会会长周大围率台胞进香团到白礁慈济祖宫进香，读到杨浚《白礁志略》关于北宫的记载，也特意前往北宫遗址考察，也认为北宫是慈济四大祖宫之一，并倡议重建。1994年，温厝等社成立重建慈济北宫理事会，海外侨胞、台港同胞闻讯踊跃捐资，于1994年破土动工兴建慈济北宫。历经12年，2006年全宫前、中、后三殿整体竣工。而南宫复建的时间要早一些。20世纪90年代初，困瑶村后山尾社村民为了崇奉保生大帝，已在南宫遗址北面靠近村子旁边新建一座慈济南宫，因该社人少，筹资不易，规模较小。

笔者写本书时也专程前往南北二宫实地调研，复建一新、规制宏伟的南宫就紧靠在新开辟的海沧保税区北面、宁坑社的西面。相比较而言，后山尾社的北宫则小得多。令人奇怪的是，北宫是在南宫的南面，地理位置正好相反，要不是北宫庙额明确写着北宫，人们定会认为北宫是南宫，其中缘由，就连宫庙管理人员也不清楚，只说这一叫法是历史上沿传下来的。

花桥慈济宫。该宫建立后，大力弘扬保生大帝的慈济爱心，许多善信经常前来献药，交庙祝赠予需药的患者，或捐钱托庙祝购药送人，而很多患者或家属也闻风前来取讨。这样，赠药捐资与讨药治病便成为花桥宫吴真人信仰活动的一大特色。但由于长期处于自发状态，而前来赠药捐资与讨药治病的人越来越多，庙祝们感到头绪纷繁，应付不了。因此，花桥慈济宫于清光绪四年（1878年）创立泉郡施药局，两年后改称泉州府施药局，统一办理有关事务，并任用常住人员负责各项具体工作，从而使花桥宫的慈善事业开始进入有组织有制度管理的阶段。

光绪二十三年（1897年），因泉州连年鼠疫流行，施药任务繁重，由泉州著名士绅黄搏扶、黄懋烈、吴桂生、陈仲瑾、曾振仲、杨家栋等人发起，筹建花桥善举公所，地址就设在花桥宫内，扩大董事名额，把各种慈善事业划入这一机构统一管理。泉州府施药局即改名为花桥施药局，为善举公所辖下的最大事业单位。

花桥善举公所自创立至1949年中华人民共和国成立前夕，主要从事下列善举：

施药。由花桥施药局具体负责实施，药品来源主要靠归侨、侨属和本地士绅捐献赞助，另于宫后旷地种植中草药，依照验方自制丸药。

施诊。善举公所本无放诊，1930年晋江县中医公会成立，乃协助其兼办施诊，其后该市不少医德好、医术高的名老医师都自愿前来义诊。

施棺。对贫困的死者施给棺木埋葬，有时连死者殓衣、做墓壳灰、抬棺夫工钱等，也一并施给。

度岁。于除夕施给贫困民户粮米或银钱，以帮助他们过年。

平粜。花桥善举公所于1938年7月成立城厢平粜会，由华侨提供资金，自外地产粮区购粮来泉平粜，按粮数计口均摊供应，以缓解抗日战争时期泉州严重缺粮问题。

还有养生嗣（抚养孤儿）、烧字纸（雇人拣拾字纸，投入亭

焚烧）等善举。

20世纪50年代，花桥善举会所易名泉州市爱国赠药处。1978年为泉郡施药局创建100周年，恢复花桥慈济宫旧名，亦为花桥赠药处。据1981年统计，共施赠中、西药达28033人次。

1985年3月，花桥义诊所正式挂牌，中断多年的义诊得到恢复，并于1992年与花桥赠药处合称泉州花桥赠药义诊所，义诊对象规定为没有享受公费医疗的群众，但由于医师医术高、医德好，就诊手续简单，交通方便，故不少享有公费医疗的干部职工也前来求诊，医师均一律接诊。自恢复义诊以来，每年就诊者约7000人次，很好地弘扬了保生大帝的慈济惠民精神。

现在的花桥慈济宫仍存于花桥亭旧址——今泉州市鲤城区中山南路605号，宫庙临街而立，为省级文物保护单位。该宫保存清代修建规制，坐西朝东，三进，由门厅、大殿、仙姑祠和赠药义诊所组成，建筑面积800多平方米。

庙门上额有明代泉州大书法家张瑞图手书的“真人所居”。大门两侧为石墙，左右壁上各开一扇六角石窗。正殿上方悬有由元代著名书法家赵孟頫书写的“慈济宫”匾额，笔墨饱满，金光灼灼。大殿龛内供奉保生大帝神像三尊，龛前案桌上供奉印、剑童及吴真人的门徒江仙官、张圣者各一尊，另有土地公一尊。案桌左边有虎、鸡、狗三尊塑像，俗称“三舍爷”，据史料记载，吴真人生前曾为它们医好病，三畜很感激，一直跟随在其身边不愿离开，真人升仙后也同登仙境。大殿北侧为“仙姑亭”，供奉真人门徒鄞仙姑，龛前正中供奉明朝敕封的保生大帝圣父圣母牌位一方。

大殿后门之外隔着一片药圃，有一座钢筋结构的三层赠药义诊大楼，底层为赠药处，二层为义诊所及中西成药药房，三楼为会议厅和接待室。而大殿与赠药义诊大楼之间的埕院则作为药圃，种植一些常用的草药品种。

花桥慈济宫建庙至今已近千年，它的建筑规模虽然不大，却古朴典雅，常年到此处求医问药、捐资献药、咨询、进香的来访者络绎不绝，是全国民间自发组织施德行善、义诊赠药场所的典范。

安溪玉湖殿。吴夲仙逝之后，祖地安溪感德镇石门村村民将吴夲父母生前居住的茅舍改建为庙宇，雕塑吴夲神像，尊为医灵真人，奉祀朝拜。明初，吴真人被敕封为“万寿无极保生大帝”，赐同等居殿，遂改名为玉湖殿。海内外奉祀保生大帝的庙宇大多以“慈济”为名，称之为“宫”，唯独石门玉湖殿称之为“殿”。玉湖殿曾毁于“文化大革命”，重建的玉湖殿保留了部分古文物。其中包括四个宋代石柱础以及一个大炉香。殿里管理人员说这个大炉香香味独特，燃烧千年，从未熄灭过。大炉香内的香是按保生大帝当年留下的秘方，由几种特别原料配制而成，从不外传。住殿道士还有个不成文的规定：大炉香要日夜伴随保生大帝，绝不能熄灭。故不论春夏秋冬，刮风下雨，即便半夜要换炉，道士都会自觉起来更换。千百年来，这大炉香就这样一直燃烧着，馨香萦绕着石门村上千年。

如今，玉湖殿亦已被认定为省级文物保护单位。玉湖殿正中的牌匾上有明代书法家张瑞图所书“真人古地”四个大字，为重修时复制。

殿坐北朝南，悬山顶，面阔三间，进深三间，尚存宋代柱础等遗物。殿中古联曰:“保佑家邦，大道洋洋光祖宇；生成民物，帝恩浩浩达九霄。”所奉之吴真人神像，头插金花，身着风披，五绺长须，脸色红润，其造型也是当地独有。

玉湖殿左右有祖祠两座，先后建于明清两代，现作为吴真人纪念馆，馆内展出吴真人的塑像、历史文物、事迹资料。

## 宫庙遍布闽粤

白礁、青礁慈济宫建起之后，保生大帝香火逐渐向邻边地区传播开来。

先是传遍福建全省，之后又传到广东等地。根据白礁、青礁慈济宫近年来来祖宫进香宫庙的登记资料统计，大陆保生大帝庙至少有2010座。福建是保生大帝的故乡，宫庙数量最多，达1800多座。

泉州宋代所建的祭祀保生大帝的宫庙除了花桥宫和安溪石门玉湖殿之外，其他的大部分为明清时期从花桥宫分灵所建。其中建于泉州市区主祀保生大帝的庙有南门青龙巷的青龙宫、五堡街的紫江宫、甲第巷的甲第宫等等。建于明代的有江南镇的双坑宫、马甲的凤头宫与龙峰庙、丰泽的霞淮宫、鲤中的甲第宫等；建于清代的有临江的紫江宫、鲤中的桂坛宫、丰泽的后坂宫、东海的文兴宫、城东的东园宫、河市的齐仔宫、马甲的妙济宫、晋江的宝泉宫等；始建时间未详的还有五里埔鲤鱼宫，法石大道公宫，五堡的紫江宫、溪灵宫，开元的上乘宫、北山宫、紫云宫、妙因宫、华仙宫，丰泽的淮圃宫，浮桥的塔顶宫、高山宫，北峰

泉州南门青龙巷的青龙宫

的塔后宫、相公宫、灵通宫，城东的桥南宫、黄林宫，东海的云谷寺，河市的大岭宫，双阳的卢厝宫、南山宫，马甲的新庵宫，罗溪的海头玉树宫，等，总数有600多座。

漳州在市区（芗城）有芗城苍吴宫、东吴第一宫、西街西湄宫、市尾石虎宫、官园慈惠宫、宝珠园慈惠宫、诗浦慈济宫、坑头慈济宫等数座，漳州建于各县（市、区）的有平和的天湖堂、心田宫、东明宫、玉溪宫，云霄的西林慈济宫，东山的真君庙，长泰的武安宫，漳浦的真人宫，南靖的和溪慈济行宫、仑仔村慈济宫、金山慈济宫、书洋福灵宫、奎洋兴龙宫、船场水潮宫，龙海的山后红滚庙、外楼慈云宫、白水慈济宫、浮宫朝崇宫、港尾永安宫、角美万寿宫、九湖岱山宫、浦边龙溪第一宫、乌礁慈济宫，龙文的石仓永兴宫、内林翰林堡庙、步文正一灵宫等800多座。

厦门岛内（古称嘉禾里）最早供祀保生大帝的庙是古称柳

塘村西仓社（今厦门岛五通村）的吴西宫和现湖滨北路凤凰名都（原官任村）小区里的篁津宫。吴西宫始建时间大约于吴夲仙逝后不久，是与青礁、白礁“偶其像于龙湫庵”同一时期所建的小祠庙，至宋元祐二年（1087年）已扩大成“占地四亩，有供香火之资的祭田，有庙守，还有‘吴西宫’之名称”（宋元祐二年孙瑀撰《西宫檀越记》）。篁津宫始建于南宋建炎二年（1128年），该宫历史上修整过5次，并未大修过，所以主体结构里大部分梁子和柱子是从始建保留至今。虽然躲过了战火和灾害，但还是被白蚁侵蚀严重，2010年，原官任村民向分布在全国的乡亲信众们发出呼吁，集资维修篁津宫。北到黑龙江，南至台湾都有保生大帝的信徒汇款过来，短时间内，他们就集够了维修资金。翻修古庙按照“修旧维旧”的原则，原来的砖木格局都原样保留，墙砖和瓦顶等则尽量按原貌恢复，该工程于2011年农历十月

厦门篁津宫

初五竣工。厦门除了上面已述的吴西宫和篁津宫之外，还有湖里区高殿村幕青宫，高崎万寿宫、凤和宫，曾厝福海宫，后莲乡鳌山宫、美仁宫、净圣堂、天坛宫、龙腾宫、武德宫，鼓浪屿种德宫、微型保生大帝庙——兴贤宫，同安朝元宫、大道宫，灌口潮海宫等，共有300多座。

此外，省内的龙岩、莆田、长乐、南平、建瓯、建宁等地，也都有保生大帝庙。

广东省亦有不少地方建有供祀保生大帝的宫庙，如潮安的官路真君庙、汕头的金沙乡真君古庙、南澳岛的真君庙，以及潮阳金瓯慈济堂等，总数有150多座。香港、澳门也建有保生大帝宫庙。

## 香火传播台湾

台湾的保生大帝信仰是明清时期从泉、漳、厦传播过去的，正如连横《台湾通史》所云，台湾的“泉人则祀保生大帝，是皆其乡之神，所以介福禳祸也。……所业不同，即所祀亦异，是皆有追远报本之意，而不敢忘其先德也”。学甲慈济宫保生大帝是白礁村民跟随郑成功收复台湾而从白礁宫分灵学甲，之后又由此分香全岛各地，于是学甲慈济宫就成为台湾诸多慈济宫的祖宫。而学甲慈济宫的祖宫就是白礁宫。

还有许多保生大帝宫庙是随着厦、漳、泉垦民入台垦殖而从家乡的保生大帝宫分香驻跸的，如青礁慈济宫分灵台湾的宫庙可以追溯到明天启（1621—1627）年间，“开台王”颜思齐（青礁人）开发台湾时期，从青礁慈济宫请来的保生大帝香火所建的宫

庙，即今天的嘉义大兴宫。

台中元保宫的兴建更是一个典型例子。据台湾《全省佛刹道观部览·保生大帝专辑》载：

> 台中市北区赖厝里元保宫，坐落于人车熙攘、市廛繁荣地段，主祀保生大帝，崇祀绵延，香火鼎盛。……盖明代末年，郑成功领军来台，驱逐荷夷，疆域大治，因是汉人相继入垦者众。时有漳、泉二州先民闻悉宝岛风光，亟思来台开荒垦疆，整拓田园，又恐风波险阻，迭生意外，遂住谒漳州府（平和县坂仔镇）心田宫保生大帝庙，虔分大帝香火，恭祀舟上，以佑风平浪静，舟吉人安，果蒙全佑，安抵台岛，辗转择居于赖厝廍等十七庄，开荒垦疆，广辟良域，迨至清乾隆四十五年（1780年），有感于林落薮聚，人口渐次繁衍，街肆日益繁荣兴盛，却乏一慰藉心灵以为精神寄托之庙，乃邀集赖厝廍、干沟、田心、犁头店、土库仔、园头、后垄仔、东大墩、邱厝仔、二十张犁、水景头、广仔、军功寮、旧社、三分埔、二分埔、水湳等十七庄之村民，聚议商讨，咸表赞同，由信众自由捐输，择址于赖厝廍，破土兴建，于清乾隆五十六年（1791年）孟冬竣工，其名“元保宫”，崇祀保生大帝、三官大帝，并举行三朝庆成清醮大典。

元保宫建起后历经两次重修，规模渐大。1985年，开辟进化北路经过庙宇左侧，交通方便，香火更加鼎盛，庙方不断投入资金建设，如今不仅设有钟鼓楼、图书馆，更有中医诊所，是台中市规模甚大的庙宇之一。

闽南移民聚集众力兴建元保宫的事迹，是台湾其他保生大帝庙宇兴建肇起及过程的一个真实缩影。

台湾的五座著名保生大帝宫庙包括嘉义大兴宫、台南大道宫、台南开山宫、学甲慈济宫、台北保安宫。

嘉义大兴宫。保生大帝香火是随着明末清初闽南籍垦民开发台湾的脚步而传播台湾的。最早应是青礁慈济宫的香火传播台湾，分香于嘉义大兴宫。据该宫史册记载，明天启元年（1621年），“开台王”颜思齐率领3000多漳泉移民登陆台湾笨港（今为北港溪，古笨港含今北港溪两岸之北港镇和新港乡），由此拉开了台湾大开发序幕。在垦殖大军里面，有一吴姓乡亲从青礁慈济宫恭请来一尊吴夲神像，于家中厅堂奉祀，此应为台湾最早的保生大帝崇祀。乾隆三十二年（1767年），当地富商及绅民合力建庙，把吴夲神像安奉于新建的庙中，初期仍延续青礁慈济宫的宫号，称笨港慈济宫。嘉庆四年（1799年），笨港水灾冲毁该庙，灾后信众重建慈济宫，浙江提督王得禄在台湾时将之改名大兴宫。

台南大道公庙。据康熙年间的陈文达的《台湾县志》载：在（台南）广储东里，大道公庙，红毛时建。这就说明该庙始建于荷兰人占据台湾之际，与前面的嘉义笨港慈济宫系同一时期，只是当时嘉义的奉祀尚停留在私人家中，而台南广储东里的大道公奉祀已是庙祀，故被称为“开台大道公”。广储东里现为台南县新化镇，该庙现址在新化镇丰荣里洋子街56号。

台南开山宫。乾隆十七年（1752年），王必昌总纂的《重修台湾县志》明确记载建庙时间：“吴真人庙，在（台南）西定坊新街，伪时建。”清廷编印志书中的“伪时”指的是郑成功治台时期，该庙就在今台南市民生路，称“开山宫”，其香火系明郑时，庙始建于台湾开发早期，故称开山宫。

学甲慈济宫。该宫是从白礁慈济宫分灵而建的。明永历十五年（1661年），郑成功从闽南沿海收复台湾时，白礁村200多名村民组织“忠贞军”在白礁慈济宫另雕一尊保生大帝神像，作为保护神随军东渡，于农历三月十一日在台湾台南学甲镇头前寮将军溪安全登陆。次年忠贞军为不忘其祖，在学甲镇兴建慈济宫供奉。

学甲慈济宫现位于台南学甲镇济生路170号，占地3300余平方米，其中有一半作为庙前广场。该宫居市镇中心区，主要建筑包括石雕牌楼、前殿、正殿与后殿。前殿主祀保生大帝，后殿供奉观音等。整体来看，学甲慈济宫是台湾古典闽南式庙宇建筑艺术的瑰宝，包括：交趾陶大师叶王的壁堵、屋顶装饰，著名剪黏

气势恢宏的学甲慈济宫正门

师何金龙所主持的壁堵装饰，著名绘师潘丽水所绘的门神。大量的石雕、木刻、剪黏等装饰构件，古朴雅致，人物花鸟造型栩栩如生。庙前地上左右一对红桧大旗杆，号称台湾最雄伟的寺庙大旗杆。

该宫以全台湾最精细的闽南雕梁画栋建筑艺术闻名海内外，每年吸引大批外地信众、游客前来观光朝拜。除此之外，每年农历三月十一日举办“上白醮”谒祖绕境祭典活动，阵头多、宗教仪式内涵丰富，全学甲镇地方民众老少总动员，将保生大帝文化的内涵发挥到了极致。

该宫因保存白礁慈济宫分出的至今已有800余年历史的开基保生二大帝神像而倍显历史积淀深厚，被尊为全台大道公宫庙鼻祖，因此台湾各地分香的慈济宫来这里会香者终年络绎不绝。

学甲慈济宫举行“上白礁”遥拜白礁祖宫祭祀大典

学甲慈济宫建庙之后就将白礁忠贞军登陆台湾的纪念日作为台湾各地信徒聚集学甲镇头前寮将军溪畔盛举“上白礁”谒祖的祭典活动日，信徒在此遥拜大陆白礁慈济祖宫，历经300余年来从未间断。仪式隆重，场面壮观，这种谒祖寻根盛典，是“自古闽台一家人”的生动体现。学甲慈济宫门前的一副对联云：“气壮乎天，万众同参学甲地；血浓于水，千秋不忘白礁乡。”近年来，台湾慈济宫相继组团到白礁慈济祖宫谒祖进香，白礁慈济祖宫成为闽台两岸血脉相承的历史见证。

建于台湾学甲镇头前寮将军溪畔的“上白礁”祭典纪念碑及白礁亭

1977年前后，经台湾媒体的报道，学甲“上白礁”祭典名声大噪，台南县政府乃在头前寮的将军溪畔兴建了一座“郑王军民登陆暨上白礁祭祖纪念碑”。1983年又兴建了“白礁亭”，使得学甲“上白礁”祭祖成为台湾知名的宗教文化和饮水思源相结合的民俗文化活动。“郑王军民登陆暨上白礁谒祖纪念碑”碑文如下：

三百余年来，学甲地方及台湾各地信徒为遥拜大陆

> 福建省白礁慈济宫保生大帝祖庙，及追念大陆祖先，代代相传于每年三月十一日举行弘扬民族精神之上白礁谒祖祭典，而闻名遐迩。愿我们共同勤勉，使中华民族更加发扬光大，千年万世永垂天地之间。

台北保安宫。大龙峒保安宫为台湾保生大帝宫庙规模最大者，它位于台北市大同区哈密街61号，民间俗称“大道公庙”，清代时它与艋玶的龙山寺、清水岩的祖师庙并称台北三大寺庙，香火鼎盛，每日从各地来此上香祈求庇佑的信众与游客络绎不绝。

追溯保安宫的历史，还得从保安宫所在区位的大龙峒说起。大龙峒在台北市的西北角，临淡水河与基隆河的交汇处。乾隆（1736—1795）初年，有大批的福建同安人移入垦殖，到乾隆中叶，建起了“大浪泵庄”，不久改称“大隆同”，隆表示兴隆，同即意指“同安人”。后来因为其街东有一龙峒山，山形似龙，“大隆同”刚好位于龙尾，故又将“大隆同”改为“大龙峒”。乾隆年间，同安垦民就已经到大龙峒垦殖，当时这里气候恶劣，疾病四起，许多人染病身亡，后来就有人回到故里同安白礁慈济宫乞灵分香至大龙峒奉祀。

关于保安宫的创建，据《台湾文化志》《台北文物》等史料记载：当时渡海到台湾的同安先民，为感谢保生大帝的庇护，于是集合附近的士绅于嘉庆十年（1805年）共同聚资兴建保安宫于现址。由于工程浩大，分数期兴工，于道光十年（1830年）正式完工，前后历时25年。庙宇分前殿、正殿、后殿及东西护室，庄严巍峨，终年香火不绝。

台北大龙峒保安宫开间数是帝级规制，共十一开间，占地

台北大龙峒保安宫

约一万平方米。最引人注目的当属其精致的雕梁画栋、彩绘、泥塑等装饰艺术，前殿为歇山重檐假四垂屋顶，这是台湾寺庙最高等级的做法，上下檐间有水车堵，并加饰具有台湾地方特色的交趾陶和泥塑，给人富丽堂皇的感觉。在前殿左右两边的石雕，分别刻有龙墙与虎壁，左龙右虎，此为受传统“左青龙，右白虎”观念所致。前殿的龙柱，则是保安宫年代最早的石雕作品，浮出于八角的龙身栩栩如生，为清代中叶龙柱的典型代表。除龙柱之外，前殿的其他柱子全为方柱，一反圆柱为尊的旧习，在中国的寺庙建筑中实为罕见。正殿四面的回廊为走马廊，墙面上有七幅由台湾著名彩绘师潘丽水所作的壁画，主题分别为韩信胯下受辱、朱仙镇八锤大战陆文龙、钟馗迎妹回娘家、八仙大闹东海、花木兰代父从军、虎牢关三英战吕布、贤哉徐母等。画中人物的比例、动作、表情等都栩栩如生。后殿的单檐硬山造型，九个开间，木结构采用三通五瓜式，柱上雀鸟姿态各异，造型优美，刀法细腻。东西护室的钟鼓楼顶上皆为重檐式建筑，其四角形的楼阁是台湾少见的特殊造型。这些美妙的造型、精致的装饰，是沿袭数年不断的整修、改造而成。

台湾的保生大帝宫庙遍及全岛及离岛的澎湖、马祖、金门各县市。据《台湾省通志》载，明郑时期台湾各地建有保生大帝宫庙10座，此为台湾最早一批保生大帝宫庙，集中在台南、高雄、澎湖三地，而以台南最多。1971年出版的《台湾省通志》载，从康熙到乾隆的113年间，台湾共建有保生大帝宫庙29座，而厦门大学陈在正教授经过考订补充，证明这一时期实际建有41座。值得一提的是，随着台湾开发的从南向北渐次发展，保生大帝宫庙也从台湾南部向中部、北部和东部发展。从明末到光绪二十年（1894年），台湾共建有保生大帝宫庙130座。

至1975年，全台保生大帝宫庙增至160座，1981年为162座，2001年达到264座。这一数字还在不断增加。目前，台湾各地奉祀保生大帝的宫庙有多少，因统计标准和口径的不同而无统一的结果，但据较多资料的说法，共有370余座。这反映了一个基本事实，即保生大帝崇拜在台湾拥有广泛的信众。

## 崇祀远播海外

明清之际，漳、泉籍人士下南洋掀起经商开发热潮，促使保生大帝信仰走出国门，落户于浩渺万里的异国他乡。如道光十九年（1839年）新加坡天福宫落成时，保生大帝即为主祀神明之

新加坡天福宫

一。咸丰十年（1860年），三宝垄华人领袖陈宗淮特地在家乡定制保生大帝神尊，迎至当地的大觉寺奉祀。

至今，东南亚奉祀保生大帝的宫庙有数十座。

## 两岸信众交流

保生大帝首巡金门。

青礁保生大帝神像于2007年8月10日首次巡安金门，这是祖地保生大帝神像首次巡安台湾一个县域。这次巡游是应金门县保生大帝宫庙多年来的盛情邀请，由福建省闽台交流协会、厦门海沧青礁慈济宫理事会、金门烈屿保生大帝庙宇管委会联办。巡安活动有绕境巡安、祭典、闽南歌仔戏演出、礼品互赠仪式等内容。

10日上午7时许，三声锣响，海沧青礁慈济宫主殿宫门缓缓开启，保生大帝神像起驾出宫。大殿外烟花礼炮齐鸣，腰鼓队、锣鼓队的欢快鼓点震响起来，舞龙队、舞狮队上下翻腾跳跃，欢送保生大帝乘坐八抬金辇大轿出巡金门。10时20分，载着保生大帝神像辇轿和300名“金门巡安团”护送人员的“五缘号”轮船缓缓驶离厦门和平码头。半个多钟头后，“五缘号”轮船抵达金门水头码头，金门信众早就恭候码头，辇轿被恭请上岸，信众争先跪拜，气氛热烈。

2007年8月10日，青礁保生大帝巡安金门

中午12时，一场隆重的两岸共祭保生大帝仪式在金门最大的保生大帝宫庙——烈屿保生大帝庙举行，金门县县长李炷烽专程赶到烈屿保生大帝庙担任主祭。

下午2时30分，保生大帝对金门各村庄的巡安活动开始，金

门万人空巷，人们持香跪拜在巡安队伍经过的路边恭迎保生大帝。60多部巡安车，载着保生大帝神像及金门各分灵庙的保生大帝神像，一路浩浩荡荡，对金门的村庄一一巡安。巡安车辆所过之处，一拨接一拨的金门信众跪拜道旁，燃香祈福，虔诚恭迎。巡安活动持续了两个多小时。

当日晚上，保生大帝金门巡安敬献大典在金门县金城镇北门北镇保生大帝庙再次举行，主祭官李炷烽说：“两岸同胞同源一脉，继妈祖之后，保生大帝莅临金门巡安，金门很多聚落供奉保生大帝，这是地方民间信俗的盛会，也有助促进教育、文化及观光旅游交流，更重要的是发扬和学习保生大帝悬壶济世爱民的精神，还带动两岸的合作与了解。”

保生大帝首巡澎湖。

2008年7月4—7日，应台湾澎湖地区两岸交流协会的邀请，厦门海沧青礁慈济宫组织“保生大帝神像澎湖巡游团”一行180人，从厦门搭机直飞澎湖，展开为期4天的巡安活动。

4日下午，当祖庙的保生大帝神像首次直航抵达澎湖，澎湖上千名当地信众代表专门将澎湖4个宫庙的保生大帝请到一起，共同迎接远道而来的保生大帝祖灵，前往澎湖最大的保生大帝宫庙——威灵宫，沿途居民纷纷摆出祭品祭拜。

下午5时30分，澎湖威灵宫举行了盛大的两岸共祭活动，澎湖县县长王乾发和青礁祖宫总护驾吕根铨共任主祭人，敬献双祭文的两岸共祭形式展现了保生大帝信仰在两岸的一脉相承。

最后一天晚上，保生大帝神像巡安马公市区，保生大帝神像乘坐八抬金辇大轿，在100多名巡安团员护驾下，对澎湖马公市区逐条道路一一巡安。整个过程经历3个小时，所到之处当地信众燃放鞭炮欢迎，气氛火爆。

保生大帝首巡台湾本岛。

2010年4月25日上午，应台湾保生大帝信仰总会邀请，保生大帝神像从厦门青礁慈济宫起驾，搭机直飞台北，在台湾本岛展开历时12天的巡安。这是大陆慈济祖宫保生大帝千年首次跨海赴台湾本岛巡安。厦门、漳州部分保生大帝宫庙和2000多名信众前来为保生大帝神像送驾，这是保生大帝神像巡游时间最长、路程最远、巡游宫庙最多、参与人数最多的一次。

2010年4月25日，青礁保生大帝起驾出巡台湾，图为隆重的起驾仪式

巡游期间，适逢保生大帝1032年圣诞。交流团专程参加4月25日至5月6日在台北大龙峒保安宫举办的2010年“海峡两岸保生慈济文化祭”。

保生大帝文化祭由大龙峒保安宫董事长廖武治与大陆青礁慈济祖宫理事长吕根铨担任主祭人。在场信众一同感念祖地先民赴台垦殖、血汗经营的开拓精神与保生大帝灵佑众生的恩泽，场面庄严而隆重。

当天下午，保生大帝神像开始了在台湾岛内的巡安活动。保生大帝神像由北向南，巡安台湾18个县市，以及台北、台中、南投、台南、高雄、屏东等地9座保生大帝宫庙，并在其中5座宫庙驻跸接受分灵庙及信众的朝拜。

12天的台湾之行，得到台湾上百万信众的热情朝拜，实现了两岸保生大帝文化交流的新突破。

此次赴台巡安活动，在两岸信众中产生了巨大反响，特别是台湾信众，可用“狂热”来形容。保生大帝神像巡安宝岛，沿途所经之处，万人空巷，信众纷纷焚香摆案，顶礼膜拜。

日据时期回乡祭祖。

早在20世纪30年代，台湾信众就冲破日本人的文化封锁，回闽南白礁谒拜祖宫，演戏酬神。这是发生在1928年农历三月十五日保生大帝诞辰纪念日的事。当天，来自龙溪、同安、厦门、泉州等地的善男信女，络绎不绝地涌进白礁慈济祖宫，向保生大帝像顶礼膜拜，以庆祝其诞辰。正当人们在烧香参拜时，忽然，从海沧方向传来锣鼓、二胡伴奏的歌声。只听白礁人兴奋地喊道：“台湾乡亲来祭祖进香啦！”于是，宫前的人们让出一条夹道，让边敲锣鼓、边唱歌仔戏的台湾同胞走进宫里。大家仰望着前头那面旗子，上面用黄字镶嵌着醒目的几个字：“台南三乐轩歌仔戏班。”

原来，几天前的农历三月十一日，“三乐轩”戏班和许多台湾歌仔戏阵的民间艺人一道，同来自台湾岛各地的香客云集在台南学甲镇慈济宫前，举行第266次隆重的“上白礁”祭典。当他们正隔海遥拜祖国大陆时，一队日本宪兵带着狼狗来驱赶祭祖的人群。自从日本人占据台湾以后，大力推行“皇民化运动”，强制台湾民众改为日本姓氏，严禁学习和使用汉语，大肆破坏各地古庙神像；禁止台胞在农历三月十一这个郑成功登台纪念日举行缅怀大陆故里的“上白礁”仪式，强迫台胞改祭“日本天皇大神”。日本帝国主义对于已在台湾生了根并深受民众欢迎的歌仔戏横加摧残，颁布禁演令，强令歌仔戏演日本“武士道”之类剧本，为日本天皇歌功颂德。但是，“三乐轩”戏班的艺人们没有屈从于日本人的威逼。他们想，年年“上白礁”，不如亲自到祖国大陆的白礁宫去祭祖进香，而且闽南九龙江畔还是歌仔戏的源头，锦歌的故乡。于是，他们在“上白礁”遭阻的第二天，就冲破日本人的重重阻挠，渡海来到厦门岛，并于保生大帝的诞辰纪念日，由厦门乘船到海沧。一路上，台湾艺人敲着锣鼓、拉着二湖、唱着歌仔戏，走向白礁宫虔诚祭祖进香，并在广场上演唱了一段歌仔戏传统剧目《山伯英台》，之后搭船从厦门回台湾。有许多歌仔戏艺人还留了下来，办班传授歌仔戏演艺，成为闽南歌仔戏（芗剧）的发端。这是台湾“三乐轩”歌仔戏班第一次回娘家祖宫祭祖演出，这一历史往事至今仍在海峡两岸保生大帝信众以及闽南地方戏曲界中流传。

谒真人祖地安溪玉湖殿。

1998年10月，台湾万寿宫主委吴传辉率团到保生大帝吴真人的祖籍地——安溪石门宋代古庙玉湖祖殿参加文物保护标志揭牌典礼。

2006年12月，台湾保生大帝庙宇联谊会廖武治会长组织20多座分庙来到安溪石门村玉湖殿祭拜进香。

2009年11月14日下午，台湾保生大帝信仰总会会长廖武治一行20余人，以及泉州保生大帝信仰文化联谊会100多名会员，参拜保生大帝祖籍地玉湖殿，交流保生大帝慈济文化。参拜后，廖武治代表台湾保生大帝信仰总会，为玉湖殿送上“真人古地”牌匾。廖先生介绍说，此行的目的，除了赠送牌匾、参拜保生大帝外，还在于加强与大陆保生大帝祖庙之间的联系，促进两岸保生大帝信仰群的互相了解，以便双方更好地进行文化交流。台湾客人受到当地村民的热情接待，安溪县感德镇石门村茶农吴炳林还特意准备了“保生缘”浓香型和清香型茶礼，赠送给台湾客人，希望借用该平台，进一步推进海峡两岸信众的交往。

台湾保生大帝信仰总会理事长廖武治参拜安溪玉湖殿并赠牌匾

隆重的文化节。

“仰祈保生大帝降福，保赤子之康宁，佑家国之安泰……”2008年11月16日上午，福建省龙海市白礁慈济祖宫梵音轻扬，庄严沉静。首届“海峡两岸保生大帝文化节”在此隆重举行。台湾保生大帝信仰总会理事长廖武治先生率台湾各地260多家保生大帝庙宇代表，与大陆各地信众代表上万人齐集白礁，一起参加了隆重的祭典仪式，共同缅怀一代名医吴夲真人，共同弘扬保生大帝慈济文化。



此次文化节由龙海市人民政府主办，台湾保生大帝信仰总会协办。文化节主题为“同谒保生大帝　共续文化情缘”。主要内容有新编芗剧《大道真人》首演、祭典仪式、海峡两岸保生大帝学术研讨会。

祖地“保生慈济文化节”。

2006年4月18日是海沧青礁慈济宫立庙855周年及其奉祀的保生大帝仙逝970周年，为此，海沧区以“健康、慈济、和谐”为主题，在青礁慈济宫举办首届保生慈济文化节。此届文化节规模空前，来自中国台湾、东南亚以及大陆信众共2000多人参加此次盛会。此次活动除了举办盛大祭典仪式之外，还举行青礁慈济宫景区建设项目奠基仪式。第一期着手推进中药百草园、主轴景观步行道和观景台的建设。

其间还举行了海峡两岸吴真人学术文化研讨会。两岸专家学者围绕慈济宫庙历史、吴真人民间信仰在台传播、慈济宫景区旅游开发等进行研讨。

第二届保生慈济文化节于2007年4月18—21日在青礁慈济宫

举行。海内外6000多名嘉宾信众（其中台湾的31座宫庙、12个团信众约2000名成员）齐聚在刚刚竣工的5000平方米的青礁慈济宫颂典广场，以一场盛大庄严的颂典仪式共祭保生大帝。

当天上午11点10分，中医长廊竣工暨保生大帝塑像揭幕和祭拜仪式开始。在万人瞩目下，鲜艳的红绸从19.8米高的吴真人石雕像上缓缓滑落，高大巍峨的保生大帝塑像立于东鸣岭上，气势恢宏。数千名信徒怀着崇敬的心开始攀登有811个阶梯、长达422.5米的长廊，感受真人的恩泽。为体现两岸同祭的文化特色，主祭人分别由海沧青礁慈济宫理事长吕根铨和台湾保生大帝庙宇联谊会理事长廖武治担任。廖武治说：“这就是两岸宗教和信仰的文化交流，希望通过这样的交流能带来我们两岸更好的情谊。”

第三届保生慈济文化节于2008年4月17日在海沧青礁慈济宫举办，海峡两岸3000多名信众在厦门海沧、漳州角美的慈济宫祖庙同崇共祭保生大帝。这届文化节是保生大帝信俗被列入中国第二批国家级非物质文化遗产保护名录后的首次全方位展示，采取图片、展柜、实物等多种展演形式，全景式地展示保生大帝信俗内涵。文化节期间还举办“吴真人与华人社会”学术研讨会、电视剧《保生大帝》创作研讨会、新竣工的闽台中医药博物馆开馆仪式、保生大帝信俗与厦门非物质文化遗产展览等多项文化活动，进一步提升了保生慈济文化品牌内涵，进一步增强了保生慈济文化在海内外的凝聚力和辐射力。

参加这次盛会的台北市企业家菁英会会长吴木川，一语道出了两岸同胞共同的心声，他说：“两岸共同的民间信仰，构成了两岸民俗文化交流的平台，这不可断绝的联系，来自血缘和亲情。”

从2009年4月到2017年4月，青礁慈济宫又于每年4月接连成功举办了7届海峡两岸保生慈济文化节，共吸引近4万名台湾同胞和海外信众参与，弘扬了中华传统民俗文化，有力地推动和深化了海峡两岸慈济文化的交流与合作。

## 事迹搬上银幕

为了更广泛地宣传保生大帝吴夲的生平事迹，由厦门广播电视集团、厦门广播电视节目公司、台湾民视和北京世纪春天传媒有限公司共同投资，自2008年开始投资编剧出品的30集电视连续剧《神医大道公》，于2009年4月17日在青礁第四届保生慈济文化节活动期间正式启动拍摄程序。《神医大道公》电视剧还拿到台湾当局给大陆电视剧颁发的“001”号入台拍摄许可证，成为第一部公开赴台拍摄的大陆电视剧，堪称海峡两岸影视合作的“破冰之旅”。

《神医大道公》电视连续剧叙述了保生大帝及其徒弟身负治病、除魔的双重职责，在医治病人的同时与恶魔瘟君斗智斗勇的传奇事迹，反映了海峡两岸同根同源、共奉保生大帝这一史实，展现了保生大帝悬壶济世、慈济为民的一生和医术高明、医德高尚的神医形象。

2010年5月10日起，该电视剧已在中央电视台8套、厦门卫视、台湾民视等主流电视台同步播出，其中中央电视台八套黄金时段以每日3集强档连播。由于保生慈济文化在海内外有广泛的影响力，电视剧播出后在海峡两岸及全球华人世界产生了一股“保生大帝热潮”，增强了海峡两岸和海外华人世界对中华传统文化的认同感。

普濟群生

附　录

# 吴夲药签探析

保生大帝吴夲的一生，是治病救人的一生，他医术精良，医德高尚，救人无数，所以在他去世后，从民间到朝廷，无不称颂备至。所以许多祭祀他的宫庙都有吴夲药签，成为慈济宫庙的一大特色。

现在，不少保生大帝宫庙里都备有信众前来祈卜治病的药签，这也是区别于其他庙宇之处。吴真人药签是由对吴真人的崇拜而形成的一种民间信仰的文化现象，它的外在形式是以药方为内容的签条，在闽台地区至今仍被大量宫庙和民众信仰、供奉、流传。

其故里白礁青礁慈济宫把他生前所用药方刻印制成药签，还将其平日所用有效的草药汇编成书，定名为《吴夲本草》（白礁）、《龙湫本草》（青礁），印行于世。

## 药签的种类

保生大帝药签在民间流传很广，闽南与台湾凡是供奉保生大帝的宫庙都有药签，其种类大致有四种：

手抄本。如白礁慈济宫现有手抄本药签184首，其中内科120首、小儿科36首、外科28首；泉州花桥宫原存有保生大帝药签400签，分内、外、妇、儿4科，每科100签，1996年花桥慈济宫董事会搜集药签，仅得157签，且未标明科别。这些抄本多是民间流传下来，辗转抄录，多有遗漏，而且各抄本之间有不少差异，因保管不善，多遭蛀蚀，如白礁宫抄本缺了前面几页，看不到抄撰年代，但从纸张严重泛黄程度看，估计是清末民国初版本。

铅印本。如台湾李炳南撰注出版的《玄光宝镜人集·保生大帝济世仙方》，是根据后人口述整理加工编撰而成。又如白礁宫的《保生大帝药签解》、青礁宫的《保生大帝药签》等，则是根据村里庙里历代相传而来的手抄本和药签整理而成。

木雕版。如青礁宫保存至今的清代保生大帝药签木雕版17片，每片有五六首。因多次印刷，整个雕版已被油墨渗透，乌黑发亮。此外，龙海山后红滚庙亦有清代道光十七年（1837年）保生大帝药签木刻简，刻有内科120首、小儿科36首、外科28首，方药与白礁宫铅印本一样。



## 药签用药特色

多从治本入手。以养胃气调五脏为本，采用解体毒、补体气之药，药性温和，无副作用，重在调节身体阴阳，扶正祛邪，增强体内免疫抗病功能，故而可缓解病症，即使常人用之亦有益于进补。在病理方面，古代中医认为，阴阳失调是人生病的主要原因，即所谓“阴胜则阳病，阳胜则阴病”，因而中医运用阴阳转化的规律为人诊断补气。吴真人药签秉承中医理念，在用药上结合阴阳平衡与五行相生相克的道理，讲究正气养中，扶正祛邪，以阴阳五行入药签。现在来看药签，其理论影响痕迹不难发现。吴真人药签尤其是内科药方突出固本，处处以养胃为本，方方以健脾为要，这种调中之法恰恰趋阴阳以平衡、导五行以相生，其常用药物如茯苓、淮山、白术、神曲、麦芽、山楂、莲子、生姜、大枣等均属健脾之品，处方风格重在调理。

动植药物并用。符合“形不足者温之以气，精不足者填之以味”的中医补虚要诀，有深刻的食疗学思想。药食同源，我国第一部药物学专著《神农本草经》便收集了既是药物又是食物的许多品种，如杏仁、大枣、芝麻、葡萄、蜂蜜、山药、莲实、核

桃、龙眼、百合、豆卷、芝菌、橘柚等，这些在吴真人药签中以不同的方式皆有运用。吴真人药签以猪瘦肉、小母鸡、羊肉、鸭母、鸡肝、猪肺、生虾、海参、鹿胎、牛乳等动物类为食补品。如青礁东宫内科第六十首：制附子四分，归中、肉桂、洋参各三分，接力肉一两，水一碗炖一支香久服，可阴阳双补。又如白礁西宫内科第九十二首：熟地五钱，当归四钱，炙草三钱，生姜钱半，鸭母一只，麻油炒熟水酒各半炖服，可滋阴补血。水肿患者病程较长，致损伤正气，血气俱虚，因而需调理补养，青礁东宫内科第八十八首即遵此理，通过食疗调补脾肾，使脾得以健运，肾得以封藏，令水谷精微，得以转化而不渗，水肿便能消退，方为：莲子四两，生姜三钱，小母鸡一只，水酒各半炖服。吴真人药签还吸收孙思邈的食疗方法，药食并重，由于食物营养丰富、性平和，又无副作用，能有效补充体内所需各种养分，达到调理脏腑机能、增强体质和祛病去邪的效果。而且一些极富营养、味道鲜美之食物本身就能使人既悦情愫又增食欲，有利身心健康。故而吴真人药签重食疗，食补、药补兼顾。

药方构成简单。药签用药多在五味以下，大部分是三味或四味，最多不超过八味。药味虽少，却体现出构药用心之巧，常以君臣佐使处方配伍，如青礁东宫内科第三十二首：紫苏、茯苓干各一钱，薄荷四分，益母七分，生姜三片，乌糖一角，水一碗煎五分。以祛风理气的紫苏、茯苓干为君，以消炎活血的益母为臣，以生姜、乌糖温胃散寒为佐，以薄荷调和诸药为使，可治风寒等。

从药的剂量来看，吴真人药签用药轻，采取轻治顽疾的办法。药签每方所用各药剂量大多在二钱以下，大部分是几分或一钱，最多时不超过五钱。剂量轻的特点与前面所述药味少的特点相呼应，这也是吴真人药签的共性。药签虽然有科别之分，但同科类病症有百千种，故而同科药签通常以少药轻量来增加药方的通性，可资百姓大众之需，又对慢性虚弱疾病、不胜药力者大有益处。

吴夲的用药方式与风格，不仅具有独特史料价值，而且对现代医学人文研究也有一定启示作用。今天我们纪念吴夲，正是为了弘扬他这种自始至终造福百姓、关心民瘼的高尚医德，正是为了弘扬他把中医药的药理精髓发挥到极致的高超医术，为我们今天的中医药事业提供有益的借鉴。

重视治本的临床实践。

吴夲药签十分重视患者的精、气、神状态，并把观察患者精神状态与医疗实践紧密结合起来，用来分析病因，作为治病的依据。他在一个药签中写道："元精不固，肾气未顺，化精固气，理中之运。"在另一药签中写道："肾气亏极，原为先天；固精养气，为末服焉。"他认为肾病的主要根源在于精不固、气不顺，因此，治疗的方案应是固精养气，化精固气。他充分认识到"气乱则病，气治则安"的医理，因而在许多地方强调要"调气""理气""益气""行气""调卫真气""补中益气"等等。

与固精养气相联系的是调卫气血的方法。吴夲对气血问题也很重视，曾用三寸银针按穴施针，使患者气血流畅，再辅以汤药，使许多沉疴痊愈。慈济宫的药签中有："血本有亏，气亦

多虚。气血两补，自得安舒。”“气血补，全在脾。”“新血不生，旧血未行。调卫气血，元亨利贞。”“心脏无力，气血衰微，补心养肾，旧病复初。”从这些药签中可以看到，吴夲把气血不调或气血衰微看作脾疾的病源，只有从根本上“调卫气血”，做到“气血两补”，患者才能真正康复。

因人而异的辩证思想。

孙思邈讲过治病需要因人而异的道理，他说：“人有老少，体有长短，肤有肥瘦，皆须精思商量，准而折之，无得一概，致有差失。”这种朴素的辩证思想对吴夲的医疗实践影响很大。吴夲在治病时根据患者长幼壮弱情况开方给药，并按医疗对象分为男科和幼科（儿科）。长幼虽患同一种疾病，但在用药的种类、剂量均有不同。例如，因气血不调而致病，无论长幼均须气血两补，然而吴夲却能因人而异，分别对待，对于男科病人的处方是“黄芪六钱，当归二钱，拌酒水炖服”，而对儿科病人则从轻处理，只用“黄芪五钱，当归一钱”，也不用拌酒水炖服。这种“精思商量，准而折之”、实事求是的态度，是他妙手回春疗效的重要原因。

防治未病的医疗思想。

吴夲在一药签中写道：“胃热肝郁，病嫌治迟，善心启发，以传后嗣。”这里，他发挥了我国医学中关于治未病、早治病的思想。从《内经》到《千金方》，历来都强调预防为主，早治早好。对患者来说，如有不快，即须早说，勿因隐忍而成痼疾。因此，他在行医时善于耐心启发患者。对医者来说，“上医医未病之病，中医医欲病之病，下医医已病之病”（孙思邈《千金方·论诊候第四》）。吴夲可以称得上是医者中的“上医”，他善于预测，以防治那些欲病之病和未病之病，这正是其高明之处。他在不少处方中都贯注了这一思想。例如，“疟疾将成，寒热不重，服下有灵”，治病于将成未成之时，可谓上医。

就地取材的施药思想。

吴夲的药签很注重从本地实际出发，从患者的利益出发，尽量不用贵药和难寻之药，而力求多用本地产药草和便宜的药方，既适合民间的医疗需要，也照顾百姓经济状况。据《海澄县志》载，吴夲所在之文圃山有着丰富的药材资源，在吴夲的处方中多有采用。从吴真人药签组成的方药之药物皆是极广普的，求药方便，有的甚至就在居家之旁、家常之菜中。厦门海沧与龙海角美交界区之文圃山中便有大量中草药植物，这里是当时吴真人采集百草为民治病的地方，药签中大部分药物都可在此寻得，如青石松、安南香等等。其中有些专用药如风葱，形状类似大葱，是至今闽南人家中仍有种植的多年生药草。又如吴真人药签中多次使用的凤凰退，凤凰退又名鸡蛋衣膜、鸡子白皮，为雉科动物家鸡的卵壳内膜。闽南医药界采取鸡蛋孵出有形小鸡后的包括卵壳、卵壳内薄白皮在内的部分入药，性微温，味甘平，无毒副作用，有益气和胃、祛风消胀的疗效，药房亦多有售，旧时农家一般也有。有些药需从药房或附近村民手中兑换、购买，大多也是较为廉价的东西。因而，吴真人药签之方，患者求药不难，因此吴真人药签始终为闽台广大民众喜爱和使用。此外，他常常开单味偏方，这也反映了北宋医药发展的一个特点。如“胃肠大寒服干姜二钱，见效”“口渴实热用麝香一分”“脾湿痰多用薏仁五钱”“退热养心用牛黄一分”等。

劳食结合的医辅疗法。

吴夲在治疗实践中，一方面强调主静去欲的心理疗法，另一方面也强调体力劳动的医疗效果。的确，长久不从事体力劳动，将会影响人的体质，容易产生这样那样的疾病。他说：“平时少劳动，肝郁最堪愁。”这里明确地谈到缺乏适量的劳动是致病的一个根源。去除各种非分欲望亦是保持心态健康平和的重要因素，而心态平和则是身体健康的重要条件。吴夲在治病时还注意到饮食疗法。依据《内经》关于“饮食有节”的精神，了解到“不知食宜者不足以生存也”（孙思邈《千金方》卷二十六）的道理，吴夲在其药签中写道：“腹痛甚，饮食不节，须清淡，方得有益。”既指出腹痛的病因，又告诫患者饮食一定要清淡些。对于“胃有微热”者，他“劝尔安心，休将溺爱，冷物常侵”。当气血不足时，他认为“气向补，全在脾，忌冷物，方可医”。对儿童气滞胃寒之病，他认为要“温胃固土，气滞能舒，休餐冷物，方免长吁”。

总之，医治不同的病症，对食物的冷热，应有不同的要求，不可一概而论，这也是吴夲医学思想的独有特色。

# 作者的话



吴夲原是北宋一位乡村郎中，他的医术高超，医德高尚，一辈子竭尽全力为祛除百姓疾苦、救死扶伤，且不分贵贱一视同仁，义诊赠药，彰显其慈悲为怀、普济世人之爱心，最后为救治病人不顾危险攀崖采药跌下悬崖而仙逝。这就是为什么在他去世之后人们怀念他、纪念他，甚至把他升格为神来祭拜的原因。这应了一句老话：为黎民百姓做了好事、为社会进步做了好事的人，人们永远会记在心里的，甚至会千秋万代地把这种怀念、把这种纪念传承下去。所以从他去世以后至今，在海峡两岸，在世界各地，保生大帝都拥有千万计的信众。正如香港宝泉庵秘书长陈鹏飞在保生大帝祀典仪式上说的：“大道公代表平安、祥和、善良、仁心仁术，我们今天纪念他，祭祀他，就是为了更好地学习和发扬他的美德。”

笔者与保生大帝同乡，在家乡处处可以看到人们在香烟缭绕的保生大帝宫庙里虔诚祭拜的情景，到处可以听到关于保生大帝的动人传说，无不感受家乡百姓对这位从乡村走出来的神医的崇敬之情，从小耳濡目染，深受熏陶和影响。

对这一信俗活动的理性思考，是在长大并掌握了一些宗教知识之后。实际上，剔除了附在保生大帝身上的一些神话传说，吴夲是一个活生生的、一辈子执着于为老百姓做好事善事的医生，这种一辈子做好事的言与行，是一种美德，是一种高尚的情操。

吴夲之所以能够以一介布衣平民“修成正果”，成为“保生大帝”，正在于他修成了具有最高道德境界的、以解天下人困厄为己任的圣人，吴夲的这一精神如今成为联系两岸同胞、海外侨胞爱国爱乡的精神支柱和感情纽带。

笔者应福建省社科联之约，有幸承担本书的撰写任务。保生大帝文化博大精深，而笔者所涉猎范围有限，面对这样一个几近神圣的任务，不甚惶恐之至。幸好至今研究的文章、书著十分丰富。按照社科联所定位的“通俗读物”要求，笔者力求把一些众所周知的史料、两岸学者同仁的研究成果，加上笔者自己的研究和现场调查些微所得，用一个新的框架体系，努力把其写得更条理、更通俗、更有血有肉一些，更靠近我们一些。

本书的在写作，得到来自两岸同仁学者的无私支持，漳州白礁、厦门青礁、泉州花桥慈济宫等保生大帝祖宫管委会都热情提供了大量资料和图片，白礁企业家周大古还提供了他珍藏的与保生大帝有关的古版本药籍，学长郑炳炎提供了他撰写的《吴真人传奇》。此外，笔者还参考和引用了林泽坚、周济、傅崇文先生的《吴真人药签分析》《吴真人医学思想初探》《吴夲史迹钩沉》等有关资料，使得这本小册子的撰写能够顺利完成。因此，本书可以说是凝聚着两岸学者及诸多保生大帝信众的心血，谨在此一并致谢！

因水平所囿，书中错讹之处，敬请同仁指正。

何池

2017年5月于芗城补拙斋

# 延伸阅读

1.［清］杨浚.《白礁志略》. 版藏福州屏玉斋，福建省图书馆、厦门图书馆藏（复印）本。

2.郑炳炎.《吴真人传奇》，漳州市图书馆2003年2月编印。

3.张国举.《吴真人学术研究文集》，厦门：厦门大学出版社，1990.10。

4.厦门市海沧青礁慈济宫董事会、管委会.《圣山春秋》，福州：海峡文艺出版社，1998.11。

5.白礁慈济祖宫管委会.《白礁慈济祖宫史略》，2005年12月编印。

6.龙海市首届海峡两岸保生大帝文化节《学术研讨会论文选编》，龙海市地方志编纂委员会2009年4月编印。

7.何池.《慈济两岸的海峡医神——台湾保生大帝信仰》，福州：福建教育出版社，2011.11。

# 后　记

福建，山海相拥，人杰地灵，人文荟萃，英才辈出，产生了许多伟大的思想家、文学家、教育家、科学家和民族英雄、爱国先驱、革命将士、时代楷模。他们的教育成长、道德品行和思想文章，是福建的宝贵精神财富，教育和激励着一代代福建人努力学习、奋勇前行。福建省社会科学界联合会组织编写的“福建历史文化名人丛书”，以福建历史名人为题材，古今结合，意在从高处着眼、从基础着手，普及人文社会科学知识，促进人文道德养成，使社会科学知识走进大众、走进生活、走进现实，让更多的人了解福建历史名人，弘扬优秀传统文化，增强福建文化影响力和感染力，为建设文化强省添砖加瓦。

“福建历史文化名人丛书”（第四辑）所包含的陈元光、林慎思、吴夲、胡安国、李纲、真德秀、黄乃裳、陈季同、萨镇冰、林森10个人物故事，记录了福建文化之于中国历史的影响，同时也以人物史的叙述方式生动地展现出中国人文精神的风骨和传统文化的传承。人物篇以人物生平为线索，在故事中体现传主的学问、事功、道德，凸显他们在中华文明进程中的重要作用，深入挖掘和阐发其内在精神，从而激起读者爱国爱乡的强烈情感，使之成为涵养社会主义核心价值观的重要源泉。

这套丛书以广大群众为读者对象，尤其是各年龄段的学生群体以及受过中等教育的读者，他们对这些历史名人的认知，大多来源于历史课本、乡土教材、文化景点和博物馆，很难形成具体、深入、系统的认识。丛书深入浅出，雅俗共赏，通过一个个生动精彩的故事带领读者走进福建历史，走入人文社会科学的知识殿堂，融故事性、知识性、趣味性、可读性于一体，对提升大众的阅读水平、普及社会科学知识、提高人文社会科学文化素养和思想道德素质有着积极的作用。

专家刘小新老师对丛书写作大纲和书稿进行了认真审读，并提出了许多很好的意见和建议，在此表示感谢！

若有不足之处，敬请广大读者批评指正。

编委会

2019年8月